Dordogne

Manfred Görgens

Inhalt

Das Beste zu Beginn
S. 4

Das ist die Dordogne
S. 6

Die Dordogne in Zahlen
S. 8

So schmeckt die Dordogne
S. 10

Ihr Dordogne-Kompass
15 Wege zum direkten Eintauchen in die Region
S. 12

Périgord Vert
S. 15

Brantôme S. 16

Schauriges Schicksal – **das Ruinendorf von Oradour-sur-Glane**
S. 20

Bourdeilles S. 23
St-Jean-de-Côle S. 25

Hauptstadt der Stopfleber – **Thiviers**
S. 26

Trüffelhund sucht Trüffelschwein – **Besuch in Sorges**
S. 30

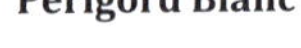
Périgord Blanc
S. 33

Périgueux S. 34

Fenster zur Vergangenheit – **Römerstadt Vesunna in Périgueux**
S. 38

Aufs Zweirad mit Lawrence – **von Jumilhac nach Hautefort**
S. 42

Mussidan S. 46

Périgord Pourpre
S. 49

Bergerac S. 50

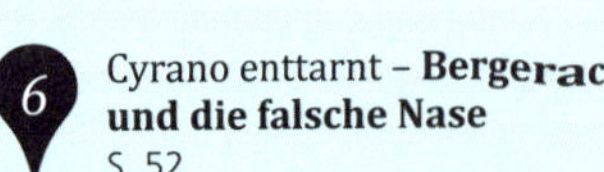
6 Cyrano enttarnt – **Bergerac und die falsche Nase**
S. 52

Appellation im Untergrund – **Wein-Exot Rosette**
S. 56

Lalinde S. 59

Was mäanderst du, Fluss? – **Die Cingles von Trémolat und Limeuil**
S. 60

Le Buisson-de-Cadouin S. 63
Biron S. 65

Mittelalter ganz ohne Chaos – **Molières und Monpazier**
S. 68

Périgord Noir
S. 71

Sarlat-la-Canéda S. 72

Auf immer und ewig – **Musterort Sarlat als Filmstadt**
S. 74

Domme S. 79

Kanu oder Gabarre? – **Flussvarianten bei La Roque-Gageac**
S. 82

Beynac-et-Cazenac S. 84
Belvès S. 86
Les Eyzies-de-Tayac S. 87

Bakers Bananenröckchen – **Besuch auf Château Les Milandes**
S. 88

St-Léon-sur-Vézère S. 94
Montignac S. 95

Der Frühmensch orientiert sich neu – **Lascaux die Vierte**
S. 98

Bilderbuch der Superlative – **Ste-Marie von Souillac**
S. 104

Ein Ziegenmekka im Kalk – **Rocamadour**
S. 106

Hin & weg
S. 108

O-Ton Dordogne Périgord
S. 114

Register
S. 115

Abbildungsnachweis/Impressum
S. 119

Kennen Sie die?
S. 120

Das Beste zu Beginn

Der große Kalkdeckel

Die *causses* sind Kalkablagerungen eines urzeitlichen Meeres. Alle Flüssigkeit tropft dort einfach durch. Trifft das Wasser auf undurchlässige Schichten, tritt es sprudelnd an die Oberfläche. Die Natur reagiert überbordend: Wie eine mächtige Fußmatte liegt das Grün des feuchten Périgord vor dem ausgelaugten Plateau der Causses.

Bus, Boot, Beschaulichkeit

Dominieren in Frankreich Individualreisende, so kurven durchs Périgord auffallend viele Busunternehmen. Der gemütlichen Gangart entspricht die Vorliebe für kulinarische Genüsse und für eher maßvolle sportliche Aktivitäten: statt Rafting lieber ruhiges Paddeln auf der Dordogne oder Vézère.

Lecker bis zum Gehtnichtmehr

Der Zusammenhang mit *tuber* (lat.: Höcker) erschließt sich nicht jedem auf Anhieb, doch das Innenleben einer Trüffel kommt der tuberkulösen Lunge schon recht nah. Eklig? Nun ja, für manche beginnt das Trüffel-Trauma schon mit dem grottigen Duft. Wer deshalb jedoch einen Bogen um den Pilz macht, verpasst ein leckeres Stück Périgord.

Eine perfekte Stichelei

Als vor 40 000 Jahren Homo sapiens nach Europa einwanderte, begann der letzte Abschnitt der Altsteinzeit. Archäologen sprachen vom Périgordien, haben sich inzwischen aber von dem Begriff getrennt. Bestand hat derweil der Noailles-Stichel als Leitwerkzeug der Ära – quasi die Ausgehklinge des Steinzeit-Franzosen.

Verwirrende Ordnung

Die *Petrocorii* nahmen an Galliens Aufstand gegen Rom teil. Sie verpassten dem Périgord seinen Namen. 1790 wurde daraus die Dordogne, für die Werbung bleibt es das Périgord, eingeteilt in Grün (*Vert,* Nord), Weiß (*Blanc,* Zentrum), Purpur (*Pourpre,* Südwest), Schwarz (*Noir,* Südost).

Man schreibt nicht, wie man spricht, und nasal spricht man nicht
Perfekt artikulierte Nasale gelten dem Franzosen als Bildungskriterium und Sprachbastion gegen Fremde. Doch das Périgord unterwandert die Faustregel. Wenn Ihnen dort ein *demain matin* (dt.: morgen früh) zu »demäng matäng« gerät – kommt das richtig gut rüber!

Fluss je nach Geschmack
Haben Sie sich je gefragt, ob Sie einen Kultur- und Flussurlaub eher an der Loire oder an der Dordogne verbringen sollten? Nun, die Loire ist herrschaftlich, absolutistisch, üppig bis protzend, vereinnahmend, schwatzhaft, erdrückend, rechthaberisch. Und die Dordogne mit ihren teils älteren Schlössern ist genau das Gegenteil.

Vertrackt und verdreht
Gerade hatte ich mein Manuskript fertig, da fuhr ich ohne Rechercheauftrag in umgekehrter Richtung durch die Dordogne, von Bordeaux aus. Sie können mir glauben, ich habe fast nichts wiedererkannt. Will sagen: Verlassen Sie vertraute Pfade, es lohnt sich.

Pamela oder Isabelle?
Bruno tut sich schwer bei der Wahl seiner Traumfrau. So wie sein Erfinder Martin Walker zwischen Amerika und dem Périgord pendelt. Die Leichen seiner Krimis liegen in St-Denis. Nach dem Ort brauchen Sie nicht zu suchen – er ist ebenso Fiktion wie Ermittler Bruno.

Das Château am Fels und die zweite Burg hoch darüber im Nebel … Bei den Reisen für dieses Buch suchte ich vergeblich nach der Szenerie aus meiner Erinnerung. Was mich beruhigt, zeigt es doch, dass die Dordogne neben den wahren Bildern auch jene für Fantasie und Ewigkeit schafft.

Fragen? Erfahrungen? Ideen?

Ich freue mich auf Post.

Mein Postfach bei DuMont:
goergens@dumontreise.de

Das ist die Dordogne

Die ›grüne Hölle‹ beginnt im Périgord Vert, der nördlichen Ecke der Dordogne. Gäbe es dort nur etwas weniger Landwirtschaft, würden ein paar Straßen zurückgebaut, hätte das Recht des Stärkeren mehr Tierarten verschont – in der Dordogne blieben dem Menschen noch gute Gründe, sich zwischen Fluss und Flora bedeutungslos zu fühlen. Schon ein Spaziergang durch den Bananenhain von La Roque-Gageac setzt Dschungelgefühle frei, sofern über den saftstrotzenden Stauden eine sengende Sonne feuchte Luft ausbrütet. Dabei ist dies doch nur eine von Gärtnern geschaffene Trugwelt. Was dagegen die Natur bis dicht ans Flussufer schiebt, könnte bequem dem Orinoko die Stirn bieten. Wer einmal in aller Frühe dort gestanden, einen Milan über Nebelschwaden schwingen gesehen und gehört hat, dass man außer Vogelstimmen eben nichts hört – der weiß, dass diese Landschaft rechtmäßige Heimat europäischer Prähistorie ist. Hier gehört er hin, der Cro-Magnon, vor dem sich auch Picasso verneigte, da ihn die Höhlenmalereien schwer erschütterten. Nur dass die Heimat des Cro-Magnon-Menschen viel zu kalt für Bananen war.

Versuch's mal mit Gemütlichkeit

Qu'est-ce qui manque? Was fehlt denn noch, damit all das perfekt wäre? Eigentlich nur das Meer. Allerdings erwächst aus diesem kleinen Mangel ein großer Vorteil. Da die Küsten fern sind, schlagen die sommerlichen Blechlawinen einen ausladenden Bogen um das Périgord. Nur wer sich den Urlaub an der Dordogne gezielt vorgenommen hat, trudelt dort ein und verweilt – oft in Seelenruhe. Entschleunigung? Es gibt noch Winkel in Europa, in denen der Modebegriff absurd erscheint, weil dort die Hatz noch gar nicht begonnen hat. Der Fluss Dordogne ist wie geschaffen dafür, beharrlich gelassen zu sein. Auf seinen 500 km vom Zentralmassiv bis zur Gironde nimmt er sich alle Zeit der Welt und hat davon sogar noch etwas an seine Gäste zu verschenken.

Durchlöcherte Welt der Wunder

Für dieses Buch schneiden wir uns das Sahnestück aus dem Wasserkuchen Dordogne heraus, die goldene Mitte eben, die deutlich mehr als ein Rinnsal und noch nicht schiffbarer Strom ist. Gesäumt wird der Fluss von einem mächtigen Kalksockel – verlässlicher Zeuge eines längst verschwundenen Korallenmeers. Dem Cro-Magnon war die tropische Pracht nicht mehr bekannt, er lebte in einer klimatisch gerade noch erträglichen Natur am Rande eines Eispanzers. Flüsse und Regen hatten dem ›Höhlenmenschen‹ vor allem im Périgord Noir, dem Südwesten der Dordogne, Überhänge in den Felsen gewaschen, die Schutz und ganz nebenbei auch einen Malgrund boten. Darunter gurgelt noch heute Wasser durch ein verzweigtes Höhlensystem. Unter- und oberirdisch sind nur zwei Seiten der einen faszinierenden Medaille. Sie glänzt dort in aller Pracht, wo sich die ›Big Four‹ der Touristik befinden, nämlich im Renaissancestädtchen Sarlat, bei den Felsmalereien von Lascaux, unter dem Kalkschlund von Padirac und im Pilgerstrom von Rocamadour.

Allez-y: leicht und lautlos auf zur Fahrt nach Wolkenkuckucksheim

Burgen und Bastiden

Zwischen Kalknasen bleibt einem Fluss kaum eine andere Wahl, als seine Schleifen zu ziehen. Und oben auf dem Fels blieb den Rittern, die rauften wie die Kesselflicker, kaum eine andere Wahl, als über den Mäandern ihre Burgen zu bauen: Castelnaud, Beynac, Milandes und noch viele mehr. Als Ergebnis finden wir ein real existierendes Schaustück mittelalterlichen Wettrüstens entlang eines völlig unaufgeregten Flusses. *Cingles* nennt man an der Dordogne jene Schleifen – *cinglés* wären übrigens Verrückte, aber diese begriffliche Nähe besitzt ja auch ihren Charme. Mit den Burgen an Schleifen ist das Dordogne-Tal bis weit nach Westen erst einmal Meisterwerk einer Kooperation zwischen Mensch und Natur, jeweils im Kleinen kopiert an abzweigenden Flüssen wie Lot, Dronne oder Vézère. Hinter den besonders weit ausgreifenden Cingles von Limeuil und Trémolat scheinen sich Fluss und Mensch dann verausgabt zu haben. Die Welt weitet sich, in den Ebenen des Périgord Pourpre im Südwesten der Dordogne faulenzen Bastiden wie Beaumont und Monpazier, gezirkelte Siedlungen aus der Zeit des Hundertjährigen Krieges, als Franzosen und Engländer einander immer neue Kolonien vor die Nase setzten. Und dann, schon dicht am Bordelais, grünen um Bergerac die ersten Weinreben.

Von der Erfindung der Langsamkeit

Rechnet man zum ehemaligen Flusshafen Bergerac noch die Dordogne-Hauptstadt Périgueux im Périgord Blanc hinzu, so leben in der Region gerade mal 60 000 Städter. Muss man mehr sagen, um Tempo und Lebensstil zu verdeutlichen? Genießen Sie die Ruhe, die gerade in der Nebensaison noch zu erleben ist. Genießen Sie den Wein, die Trüffeln und was sonst Ihnen mundet. Und wenn ich noch einen Rat geben darf: Probieren Sie es auch mal in der Vor- oder Nachsaison, weil sich dann oft die Illusion einstellt, nur Sie wären auf diese glänzende Idee gekommen.

Die Dordogne in Zahlen

12

von nahezu 50 Grotten mit prähistorischen Gravuren bzw. Malereien sind für die Öffentlichkeit zugänglich.

1,3

kg wog ein schwarzer Riesentrüffel, der 2012 auf einem Markt der Dordogne auftauchte. Er gilt als der größte, der je in der Gegend gefunden wurde.

40

Prozent der Dordogne sind noch mit Laubwald bedeckt. Unter den Kulturpflanzen haben Wein, Mais und Tabak Bedeutung.

5

PS – stärkere Bootsmotoren sind auf der Dordogne erst ab Bergerac erlaubt. So bleibt der obere Flussabschnitt paradiesisch ruhig.

42

Grad Celsius betrug die höchste je gemessene Temperatur, verzeichnet nahe Bergerac. Am dicken anderen Ende waren es 22 Minusgrade im Nordosten.

10

Dörfer des Départements tragen das Label der ›plus beaux villages de France‹. Nur das Département Aveyron besitzt mehr der ›schönsten Dörfer Frankreichs‹.

89

lautet die Nummer der Autobahn von Bordeaux, die seit 2008 als einzige das Périgord durchschneidet, während die ältere A 20 (Paris-Toulouse) einigen Abstand hält.

483

km misst der Flusslauf der Dordogne zwischen der Quelle bei Puy de Sancy und dem Zusammenfluss mit der Garonne.

2000

in den Stein gemalte oder geritzte Zeichnungen fand man in Lascaux.

672

landwirtschaftliche Betriebe in der Dordogne setzen auf biologischen Anbau – das macht den sechsten Platz in Frankreich.

1500

Schlösser zählt die Region. St-Pierre (Petrus) wollte sie laut Legende eigentlich über ganz Frankreich verteilen, aber da unterwegs der Vorratssack riss, landete das Meiste im Périgord.

12 000

ha Land sind mit Bergerac-Weinen bepflanzt, meist auf kleinen Parzellen. Produziert werden 360 000 hl Rotwein, 250 000 hl Weißwein und 23 000 hl Rosé.

30 000

Jahre liegen unserer Kenntnis nach zurück, seit Frühmenschen des Typs Cro-Magnon ihre Toten unter Felsüberhängen an der Vézère begruben und in Grotten erste Zeichnungen hinterließen.

400 000

Besucher erwartet man jährlich allein in Lascaux IV, dem Faksimile jener Originalhöhle mit Felsmalereien, die 1940 entdeckt und 1963 wegen Schäden durch Atemluft geschlossen wurde.

So schmeckt die Dordogne

In den 1970ern wurde Nouvelle Cuisine Kult und alles weggefegt, was von Fetten und Schwitzen belastet war, lange schmorte und gar noch eingemacht wurde. Inzwischen sind Bocuse und Guérard überlebt, auch neue Hypes sterben bereits – doch die Küche des Périgord lebt immer noch. Vielleicht liegt's daran, dass sie beides schätzt: Eigengeschmack und Frische einerseits, deftige Schwere andererseits.

Ein Leben mit Weichkäse …
Cabécou heißt der verteufelt leckere Rundling, dem man nicht nachsagen kann, ein kleiner Stinker zu sein. Hergestellt wird dieser Périgord-Käse aus der Milch von Ziegen – nicht aus der von Kühen und auch nicht aus der von Schafen. Das hat seinen nachvollziehbaren Grund, denn Ziegen haben sich auf kargen Kalkböden mit ihren Lebens- und Fressgewohnheiten gut bewährt. Weil die Natur immer noch der beste Ratgeber ist, passt Cabécou dann auch prächtig zu anderen genügsamen Dingen, etwa Brombeeren, Kartoffeln oder Zucchini. So ergeben sich typisch bodenständige Gerichte, die den Eigengeschmack zu betonen suchen und oft schnell zuzubereiten sind wie Cabécou im Hut eines großen Champignons, auf einer Quiche oder in einem Blattwickel, der in Armagnac getränkt wurde.

… und mit schwerer Leber
Godard – ausnahmsweise mal nicht der Regisseur – prangt seit Jahrzehnten in jedem Dorfzentrum als »Spécialiste du Foie gras«. Als Superproduzent der Stopfleber stünde Godard in Deutschland sicher unter Beschuss, während ihn das Périgord gerade als solchen ehrt. Auch am Geschmack scheiden sich die Geister. Die gemästete Leber ist durchaus ein fetter Brocken und fügt sich in ein Gesamtbild fleischiger Deftigkeit. Eingemachtes *(confit)* von Gans *(oie)* oder Ente *(canard)*, darunter nicht nur Brust *(margret)* und Keule *(cuisse)*, sondern auch Magen *(gésier)* und Hals *(cou)*, ist ebenso beliebt wie schmalztriefend. Mithin der perfekte Antagonist zum bescheidenden Mahl mit Ziegenkäse.

Wo noch der Frischpilz regiert …
Obst und Walnüsse, Maronen, Steinpilze und Trüffeln – die Mischung ist

TOURON, TOURAINE, TOURAIN

Ja, es ist ein Kampf mit den Nasalen und den Vokalen. *Touron*, das in der Dordogne kaum Bedeutung hat, bezeichnet weißen Nougat, eine ziemlich klebrige Stange, die wenig mit dem zu tun hat, was wir als Nougat kennen. Bei *Touraine* kommen wir der Region schon näher, aber auch nicht nah genug. Gemeint ist das Gebiet um die Stadt Tours und zudem der Wein von dort. Mit *tourain* sind wir dann beim Thema. Wo noch traditionell gekocht wird, ist dies häufig der ›Gruß aus der Küche‹: eine klare Knoblauchsuppe mit Zwiebeln und Eiweiß, auf Brotscheiben gegossen. Achten Sie bei Ihren Sprachübungen aber darauf, dass Sie nicht zufällig einem Briten in die Arme laufen. Er nämlich würde unter *touron* einen trotteligen Touristen verstehen.

HABEN SIE AUCH WAS OHNE GANS UND ENTE?

Zu den Dingen, die dem Zugereisten irgendwann sauer aufstoßen, zählen *oie* und *canard*. Das amphibische Federvieh wird fast zur Gänze zerlegt und landet auf Grill und Herd, in Konserven und Salaten. Auch die *Assiette Périgordine*, eine Platte mit den Regionalangeboten, kommt nicht ohne Gans und Ente aus.
Und selbst die leckeren Kartoffelscheiben *Pommes Sarladaises* werden in Gänse- oder Entenschmalz gebraten. Die Frage nach den Alternativen beantworten nur wenige Gerichte, darunter *Omelette aux cèpes* (Steinpilzomelette) oder die Variante mit Trüffeln. Auch Salate stehen zur Wahl, aber fragen Sie nicht nach Olivenöl, nur weil Sie im Süden sind. Gängig ist an der Dordogne vielmehr das Anmachen des Salats mit Nussöl. Und die Befeuchtung des Gaumens mit Bergerac-Wein (► S. 56) für alle, denen er nicht zu teuer ist.

köstlich und bleibt zum Löwenanteil in der Region, wo die Ware von Kleinbauern auf Wochenmärkten unters Volk gebracht wird. Klingt nach Urgroßvaters Zeiten? Umso schöner, dass es in Europa mitunter noch so funktionieren kann. Und dass sich auch die Köche vieler Restaurants noch auf den Märkten eindecken. Doch es irritieren inzwischen Discounter mit ihrem Allerweltsbrei zu Spottpreisen das Gefüge und locken den Nachwuchs von den Speisetraditionen weg. Ein geläufiges Phänomen und doch frappierender, als es bei uns der Fall war, weil es nicht schleichend, sondern rasant um sich greift.

… und Chicken eher selten Nuggets bedeutet
Wer nämlich am ersten Morgen in der Dordogne ein Frühstück mit hausgemachten Produkten in der Ferme-Auberge, dem Bauernhof, zu sich genommen hat, versteht am zweiten Morgen nicht mehr, warum er noch irgendein Mac-Dings aufsuchen sollte. Schnellimbiss, Pizza auf die Hand, Dönerspieß und selbst die allfranzösisch grassierende Crêpe sind vorerst noch Phänomene der Städte und großen Touristenzentren. Etabliert hat sich derweil der nordafrikanische Import Couscous, auch über den Niedrigpreis.

So viel kostet in etwa ein Menü:

€	unter 25 Euro
€€	25 bis 40 Euro
€€€	über 40 Euro

Ihr Dordogne-Kompass

#2

Hauptstadt der Stopfleber – **Thiviers**

#3

Trüffelhund sucht Trüffelschwein – **Besuch in Sorges**

STINKER IM ERDREIC

#1

Schauriges Schicksal – **das Ruinendorf von Oradour-sur-Glane**

NIE WIEDER – PLUS JAMAIS!

EIN KULTUR-GUT?!?

3

2

1

WOMIT FANGE ICH AN?

15

MADONNA MIT KÄSE

14

13

12

#15

Ein Ziegenmekka im Kalk – **Rocamadour**

Romanik am Fluss

FRISCH GESTRICHEN

Bakermani

#14

Bilderbuch der Superlative – **Sainte-Marie von Souillac**

#13

Der Frühmensch orientiert sich neu – **Lascaux die Vierte**

#12

Bakers Bananenröckchen – **Besuch auf Château Les Milandes**

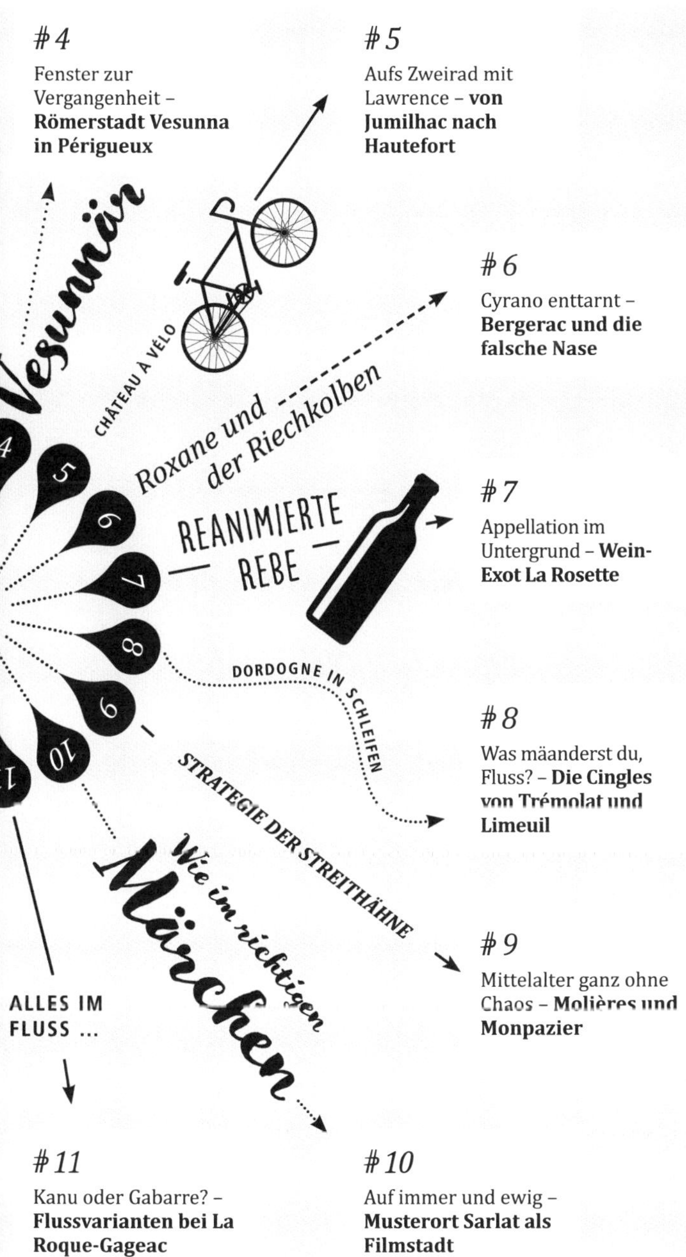

#4

Fenster zur Vergangenheit – **Römerstadt Vesunna in Périgueux**

#5

Aufs Zweirad mit Lawrence – **von Jumilhac nach Hautefort**

#6

Cyrano enttarnt – **Bergerac und die falsche Nase**

#7

Appellation im Untergrund – **Wein-Exot La Rosette**

#8

Was mäanderst du, Fluss? – **Die Cingles von Trémolat und Limeuil**

#9

Mittelalter ganz ohne Chaos – **Molières und Monpazier**

#11

Kanu oder Gabarre? – **Flussvarianten bei La Roque-Gageac**

#10

Auf immer und ewig – **Musterort Sarlat als Filmstadt**

Périgord Vert

Sieht man von Brantôme samt näherer Umgebung ab, so bleibt das ›Grüne Périgord‹ die Domäne französischer oder auch gar keiner Touristen. In der Tat muss man die versteckten Schönheiten dieser Region im Norden der Dordogne erst einmal per Recherche dingfest machen. Die Vermarktung des Périgord Vert läuft noch nicht professionell, was seinen eigenen Reiz hat. Den Rest besorgt die Natur, ausgebreitet auf 1800 km² im üppig grünen Parc Naturel Régional Périgord-Limousin.

Brantôme

🕮 D 2, Cityplan S. 18

Bevor aus König Karl ein Großer wurde, hatte er sich mit Aufständen zu plagen, so auch 769 in Aquitanien. Dort fand er Gefallen an den felsigen Ufern der Dronne und gründete über den Reliquien der Heiligen Pierre und Sicaire eine Benediktinerabtei. Nun ja, die Heiligen könnten pures Hirngespinst sein, aber Karl lockte Pilger ins Tal. Das funktionierte bis zur Französischen Revolution, als man die Mönche vor die Abteitür setzte. Inzwischen schauen auch wieder Jakobspilger bei den rund 2000 Dorfbewohnern vorbei, vor allem aber Flusstouristen.

WAS TUN IN BRANTÔME?

Beten an der Steilwand

Das »Venedig des Soundso« lockt niemanden mehr hinter dem Ofen hervor und findet sich doch auf Brantômes Werbetrommel. Müder Hintergrund der Etikettierung ist die Tatsache, dass die Mönche früh einen künstlichen Abzweig der Dronne schufen und so die Siedlung zu ihren Füßen in eine Insel verwandelten. Von Osten blickt man auf die **Abtei St-Pierre** 1 und ihr Spiegelbild im Wasser. Einen Flügel des mächtigen Trakts (15. Jh.) hat die Stadtverwaltung okkupiert, den anderen besetzt die Kirche. Ihr Campanile aus dem 11. Jh. ist einer der ältesten freistehenden Glockentürme Frankreichs, der Sockel stammt sogar noch aus der Merowingerzeit (Besteigung April–Okt.). In diese Ära (8. Jh.) reicht auch das **Monastère troglodytique** 2 zurück, das Gründungskloster in der Felswand. In den Fossilkalk haben die Mönche zwei hervorragende Reliefs geschlagen, darunter eine Darstellung des Jüngsten Gerichts.

RABATTE SOLL ES REGNEN …

Mit dem **Pass Périgord France** (www.visites-en-perigord.com/en/en-pass-perigord-france) kann man bei Sehenswürdigkeiten 20 % sparen. Man bekommt den »Pass Découverte« für 48 € und den »Pass Avantage« für 96 €, beide lassen sich für beliebig viele Personen nutzen. Diese Attraktionen sind u. a. dabei: Les Jardins de Marqueyssac (▶ S. 85), La Grotte de Villars (▶ S. 29), Le Château de Hautefort (▶ S. 43), Le Château de Castelnaud (▶ S. 85), Parc Le Bournat (▶ S. 93), La Roque Saint-Christophe, La Maison Forte de Reignac, Le Gouffre de Proumeyssac (▶ S. 93) und Les Grottes de Maxange (▶ S. 64).

Juli/Aug. tgl. 10–19, Juni/Sept. 10–18, April/Mai 10–14, 13–18, Okt.–Dez., Mitte Febr.–Ende März Mi–Mo 10–12, 14–17 Uhr, 7 €, mit Kirche, Kloster und Kirchturm 11 €

Mönche, die lustwandeln

Über zauberhafte Brücken erreicht man die Altstadt auf der Insel, wo sich vor allem rings um die **Place de la Liberté** 3 Architekturschätze der Renaissance erhalten haben. Der **Pont Coudé** 4, eine rechtwinklig geknickte Brücke, führt derweil von der Abtei in den **Jardin des Moines** 5, den Lustgarten der Mönche. Zwei Gärten, die weiter südlich liegen, bieten noch mehr Erbauung. Es sind der **Jardin Botanique d'Alaije** 6 mit diversen Themenbereichen (Gift- und Heilpflanzen, Gemüse, Obst; www.alaije.fr, Mo–Fr 9–16.30 Uhr, Gebühr nach Selbsteinschätzung) und vor allem die 4 km entfernten **Jardins Tranquilles** 7 in Chambon, wo Pfauen an Skulpturen, Springbrunnen, überwachsenen Pavillons und kunstvoll geschnittenen Hecken vorbei stolzieren (http://lesjardinstranquilles.com, April–Okt. tgl 12–19 Uhr, 7 €).

EIN MUSEUM, DAS SICH LOHNT

Grüße aus dem Jenseits

Beeindruckt von der Arbeit des Fotografen Nadar, zeichnete Fernand Desmoulin (1853–1914) fotorealistische Porträts der bekanntesten Schriftsteller und Künstler seiner Zeit. Die Grafiken waren bei Buchverlagen begehrt als Frontispize, aber zu Ruhm reichte es nicht. Dennoch widmet Brantôme dem Künstler in der Abtei ein eigenes Museum, das **Musée Fernand-Desmoulin** 8. Gezeigt werden Werke, wie man sie nur sehr selten auf der Welt sieht, noch dazu so viele auf einem Fleck. Es handelt sich um sogenannte Art médiumnique, quasi Kunst aus dem Jenseits. Zwischen 1900 und 1902 hatte Desmoulin die Geister zu einer unglücklichen Liebschaft befragt. Während des Tischerückens begann er, die spiritistischen Erlebnisse in Wort und Bild aufzuzeichnen – mit unfassbarem Tempo, wie berichtet wird. Was wir sehen, sind Gesichter aus dem Obskuren.

Öffnungszeiten wie die Abtei (▶ S. 16), Zugang im Eintrittspreis enthalten

SCHLEMMEN, SHOPPEN, SCHLAFEN

In fremden Betten

Post-postalische Behaglichkeit
Le Jardin des Chouchoux 1

Wer sich nicht unbedingt um den teuren Platzhirschen Le Moulin (www.moulinabbaye.com) bei der Abtei reißt, wird die ehemalige Poststation aus dem 18. Jh. als günstigere und fast ebenbürtige Alternative schätzen. Kastanienparkett, Balkone und Patio schaffen Wohlgefühl, das durch den Pool und den Wellnessbereich unterstrichen wird.

37, rue Pierre de Mareuil, T 05 53 05 88 16, https://lejardindeschouchouxbrantome.fr, 7 Zimmer, DZ €€€, Menü €€€

Blümchen-B&B
Maison Fleurie 2

B&B in einem Haus aus dem 19. Jh. mit antikem Mobiliar. Wer ein Zimmer zum begrünten Innenhof erwischt, hat mehr vom Aufenthalt. Im Hof mit kleinem Pool gibt's auch das reichhaltige Frühstück.

54, rue Gambetta, T 05 53 35 17 04, auf Facebook, Nov.–April geschl., 4 Zimmer | €

Nicht immer lügt Werbung wie gedruckt. Was die Bilder im Office de Tourisme von Brantôme an Idylle und Lebensfreude versprechen, wird vor der Tür durchaus gehalten.

0 100 m

Oradour-sur-Glane

Porte des Réformés

Boulevard Coligny

Pont des Barris

Place du Marché

D78

Place Olivier Roy

Passerelle Henri IV

Rue Victor Hugo

Rue Gambetta

Boulevard Charlemagne

Rue Puyjoli de Meyjounissas

Ancienne Tour du Château Abbatial

Place d'Albret

Quai Bertin

Rue Gambetta

La Dronne

Passerelle Eiffel

Pont Porte Rivière

La Dronne

Rue Pierre de Bourdeille

Avenue du Dr. Devillard

Place du Champ de Foire

Avenue du Mûrier

BRANTÔME

Sehenswert

1 Abtei St-Pierre
2 Monastère troglodytique
3 Place de la Liberté
4 Pont Coudé
5 Jardin des Moines
6 Jardin Botanique d'Alaije
7 Jardins Tranquilles
8 Musée F. Desmoulin

In fremden Betten

1 Le Jardin des Chouchoux
2 Maison Fleurie

Satt & glücklich

1 Charbonnel
2 Comme à la Maison
3 Auberge de Faye

Stöbern & entdecken

1 Marché hebdomadaire
2 Verrerie Oscar Simonin

Sport & Aktivitäten

1 Brantôme Croisières
2 ULM Robert Guerre

Satt & glücklich

Wein am Wasser

Charbonnel 1

Das Restaurant des gleichnamigen Hotels ist gehobene Mittelklasse, greift preislich aber ein wenig zu hoch hinaus. Entschädigt wird man durch die Terrasse am Fluss und eine gute Weinkarte.

57, rue Gambetta, T 05 53 05 70 15, https://en.hotelrestaurantcharbonnel.com, Sept.–Juni So abends und Mo geschl. | €€€

Vegan am Wasser

Comme à la Maison 2

Küche und Konditorei, die mit regionalen Bioprodukten lokale Spezialitäten zubereiten. Auch für Vegetarier und Veganer. Terrasse an der Dronne.

13, quai Bertin, T 09 80 51 68 33 | €€, im Sommer tgl. mittags und abends, sonst nur Fr–So mittags geöffnet

Auf ewig Ente!
Auberge de Faye 3
Rustikal von der Atmosphäre bis zu den Speisen. Man isst im großen Saal an einem langen Tisch oder auf der Terrasse und hat die Wahl zwischen zwei Menüs, in deren Mittelpunkt meistens Ente steht. Die Produkte des Hauses werden auch in einer Boutique verkauft.
Faye (2 km südl., über D 939 zu erreichen), T 05 53 05 85 84, www.ferme-auberge-de-faye.fr, April–Okt. Fr abends und Sa/So mittags nur auf Voranmeldung | €€

Stöbern & entdecken

Kastanie, Nuss, Wein
Marché hebdomadaire 1
Am Flussufer gegenüber der Abtei findet freitags (7–13 Uhr) auf der Place du Marché der **Wochenmarkt** statt. Im Juli/Aug. gibt es zudem dienstags (8–13 Uhr) einen Markt mit **Erzeugnissen der lokalen Landwirtschaft.**

Medusen und Champignons
Verrerie Oscar Simonin 2
Glasbläser trifft es nicht ganz. Eher ist Simonin ein Glaskünstler, der die Formen seiner Objekte der Natur abschaut und sie neu interpretiert.
6, bd. Charlemagne, T 06 72 04 78 26, www.oscarsimonin.com, tgl. 9–18.30 Uhr

Sport & Aktivitäten

Fluss mit Wiederkehr
Brantôme Croisières 1
Eine knappe Stunde dauert die Fahrt im Elektroboot über die Dronne. Eingebettet in die herrliche Flusslandschaft befindet sich am Weg u. a. die malerische Ruine eines gescheiterten Hotelprojekts aus dem 20. Jh.
Pont Coudé, T 05 53 04 74 71, www.brantomecroisieres.com, April–Okt., 10 €

Vogelperspektive
ULM Robert Guerre 2
Wer mehr als 100 kg wiegt, darf leider nicht einsteigen. Alle anderen können Brantôme und Bourdeilles aus der Luft im Ultraleichtflieger erleben.
Bas Meygnaud, 24310 Valeuil (6 km südl., über D 939 zu erreichen), T 06 77 96 20 71, ab 35 €

INFOS

Office de Tourisme: 2, rue Puyjoli de Meyjounissas, 24310 Brantôme-en-Périgord, T 05 53 05 80 63, https://perigord-dronne-belle.fr; im Sommer nächtliche Führungen
Busse: u. a. nach Angoulême, Périgueux, Nontron, https://transperigord.fr

TERMINE

Joutes Brantomaises: Juli/Aug., Fischerstechen auf der Dronne
Sinfonia en Périgord: Festival d'été, Ende Aug., eine Woche lang Barockkonzerte in Kirchen und Schlössern von Brantôme, Bourdeilles und Agonac

AUSFLUG VON BRANTÔME

In Stein gemeißelt
Jenseits der Département-Grenze und bereits verwegen weit abseits (50 km westl. von Brantôme) liegt **Aubeterre-sur-Dronne** (🕮 B2), das laut Gütesiegel zu den schönsten Dörfern Frankreichs zählt. Außer hübschen Gassen bietet der Ort mit der Église St-Jean ein europaweit nahezu einzigartiges Denkmal. Diese Kirche mit 20 m hoher Decke wurde im 12. Jh. als Nachbau des Felsengrabs in Jerusalem komplett in den Felsen geschlagen. Rings um den monolithischen Reliquienschrein im Zentrum befinden sich Galerien, Nischen und zahlreiche Grabstätten (Juli/Aug. tgl. 9.30–19, sonst 9.30–12.30, 14–18 Uhr, 8 €). Im Ort lohnt außerdem ein Blick auf die Fassade der Kirche St-Jacques, die als Rest eines

Schauriges Schicksal – das Ruinendorf von Oradour-sur-Glane

»Souviens-toi«, so steht es an der Pforte zu dieser Geisterstadt, erinnere dich! Und zwar an das Massaker, das hier am 10. Juni 1944 stattfand, verübt von deutschen SS-Soldaten an den Dorfbewohnern von Oradour-sur-Glane. Das Erinnern fällt schwer. Und doch wäre es sträflich, diesem ungewöhnlichen Ort so nah zu sein und ihn zu meiden.

15 km flussabwärts und 100 Jahre früher steht der Künstler Camille Corot an der Glane und malt Idyllen. Das ist, was dem Fluss besser zu Gesicht steht und was auch zu den Fotos passt, die den Besucher im **Centre de la Mémoire** 1 empfangen: die Haltestelle der Tram, eine Frau am Ziehbrunnen, Schulklassen. Die Kinder, fotografiert in den frühen 1940er-Jahren, blicken so hoffnungsvoll in die Kamera, als gäbe es den Krieg nicht. Diese Illusion konnte man in Oradour leicht hegen, denn hier, am Rande des heutigen Naturparks Périgord-Limousin, schien das große Gemetzel recht fern. Bis zum D-Day, dem Tag der Invasion alliierter Truppen in Frankreich.

Bis in alle Ewigkeit: Der Tod von Oradour soll Mahnmal bleiben. Darum stehen die Ruinen noch so, wie die Deutschen sie zurückließen.

Aus dem Leben gerissen

Nach der Landung erhält die SS-Division ›Das Reich‹ Befehl, in die Normandie vorzurücken. Unterwegs verübt sie Verbrechen an der Zivilbevölkerung. Warum das auch in Oradour geschieht, bleibt bis heute unklar. Am Mittag des 10. Juni umzingelt die SS unter Sturmbannführer Adolf Diekmann das Dorf und treibt die Bevölkerung auf dem **Champ de Foire** 2 zusammen. Die spärliche Beschriftung dort wie auch an anderen Stellen im Ort hinterlässt Fragen. Antworten geben die Ruinen und verrosteten Autos, die seit 1944 in ihrem Zustand belassen wurden.

Um 15.30 Uhr pfercht die SS mehr als 400 Frauen und Kinder in der Kirche ein. Die Männer

Aus den einstigen Garagen und Werkstätten wurde der schaurigste Autofriedhof der Welt.

werden in Scheunen und Garagen gedrängt und dort erschossen. In der **Grange Laudy** 3, einer der zahlreichen Scheunen, überleben fünf Männer, unter ihnen Robert Hébras. 2013 führt er im Alter von 88 Jahren den ersten deutschen Staatsgast, den damaligen Bundespräsidenten Joachim Gauck, durch das Dorf.

Auf dem **Friedhof** 4 liegt derweil Marguerite Rouffanche, ehedem einzige Überlebende des Infernos in der **Kirche** 5. Laut ihrem Bericht zündete die SS dort eine Rauchbombe und erschoss alle, die nicht erstickt waren.

Abspann ohne Sühne

642 Tote, ein Drittel davon Kinder. SS-Sturmbannführer Diekmann stirbt kurz nach dem Massaker an der Front, glückliche Fügung für die übrigen Täter, die ihn als Sündenbock vorschieben. Ansonsten bleibt es bei der Haltung, sich nicht erinnern zu können. So auch bei einer Verhandlung 1953 in Bordeaux, zu der Kanzler Konrad Adenauer seinen Schwieger-

▶ NACHZULESEN

Eine glaubhaftere Quelle als die Berichte von den SS-Leuten ist das Buch des Überlebenden Robert Hébras, »Oradour-sur-Glane, notre Village assassiné«, erhältlich im Shop des **Centre de la Mémoire** 1.

sohn als Verteidiger schickt. Dem Angeklagten Boos, der sich auch nicht erinnern kann, wird nachgewiesen, dass er im Ofen der **Boulangerie Bouchoule** 6 ein acht Wochen altes Kind bei lebendigem Leib verbrannt hat.

Es gibt Urteile, aber keine Vollstreckung. Ungeschoren bleibt auch Diekmanns Vorgesetzter Heinz Lammerding. Er macht Karriere als Bauunternehmer und verbringt seinen Lebensabend am Tegernsee. Zu seiner Beerdigung 1971 legen alte Kameraden Kränze nieder, darauf notiert die SS-Division ›Das Reich‹.

INFOS/ÖFFNUNGSZEITEN

Centre de la Mémoire 1: L'Auze, 87520 Oradour-sur-Glane, T 05 55 43 04 30, www.oradour.org, mit Shop, Mitte Mai–Mitte Sept. tgl. 9–18, Anf. März–Mitte Mai, Mitte Sept.–Ende Okt. tgl. 9–17, Anf. Nov.–Mitte Dez., Febr. tgl. 9–16 Uhr, 7,80 €; **Besuch der Ruinen** (Öffnungszeiten wie Besucherzentrum) kostenlos.

UM DIE ECKE SCHLAFEN

Trotz rund 300 000 Besuchern jährlich hat das neue Dorf Oradour keine touristische Infrastruktur entwickelt. Versorgt wird man im nahen St-Junien, etwa im **Relais de Comodoliac** 1 (22, av. Sadi Carnot, T 05 55 02 27 26, www.comodoliac.com | €€). Im Restaurant wird saisonal gekocht, auch Wochenkarte.

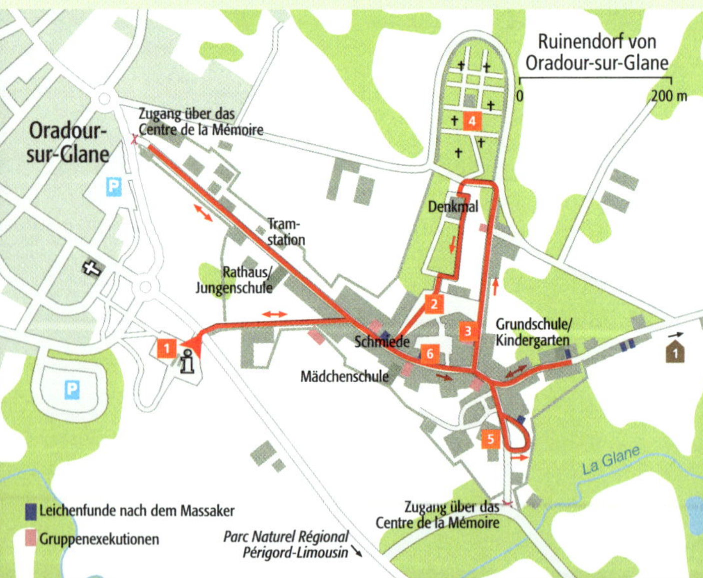

Faltplan: nördl. E 1 | Oradour-sur-Glane liegt im Département Haute-Vienne, ca. 90 km nordöstl. von Brantôme (zu erreichen über die N 21)

zerstörten romanischen Gotteshauses vor einem schlichten Neubau aus dem 17. Jh. verblieb. – Ein Stück abseits der zentralen Place Trarieux mit ihren Bars und Restaurants werden im ungewöhnlichen Ambiente einer Mechanikerwerkstatt Ham-, Cheese- und Veggieburger, Wraps, Salate und Kuchen serviert. Wenn das Essen im Le Garage nicht unschlagbar ist, dann doch der Blick über das Dorf!

Le Garage, 10, rue St-Jean, T 06 40 30 43 77, www.legarageaubeterre.com, So abends, Mi/Sa und Winter über geschl. | €; Office de Tourisme, Pl. du Champ du Foire, http://sudcharente tourisme.fr

Bourdeilles D 2

Viel Schloss, wenig Dorf. Nur rund 750 Einwohner leben in dem Ort an der idyllischen Mündung des Flüsschens Boulou in die Dronne. Und diese Menschen leben gleichsam unter der Last erdrückender Burgmauern, die auf eine lange Historie schließen lassen. Tatsächlich gehörte Bourdeilles schon im 10. Jh. neben Biron, Mareuil und Beynac zu den ersten vier Baronaten im Périgord. Im Zuge der üblichen Raufereien des Mittelalters wurde das Château mehrfach zerstört und wieder aufgebaut. Beteiligt war auch Edward I. von England, was Spätfolgen haben sollte: Britische Urlauber sind wahrlich keine Seltenheit im Dorf und erst recht nicht zu später Stunde auf den Terrassen der wenigen Bars.

Das Leben der galanten Damen

Manch einer muss wohl erst vom Pferd fallen, um mit dem Schreiben zu beginnen. So trug es sich zu mit Pierre de Bourdeille, Seigneur de Brantôme (ca. 1540–1614), der sich nach dem fatalen Sturz gezwungen sah, den Militärdienst gegen die Schriftstellerei zu tauschen. Eines seiner Bücher existiert sogar in deutscher Übersetzung unter dem Titel »Das Leben der galanten Damen«. Darin findet sich u.a. die Weisheit: »Eine Frau gefällt mehr, die etwas Schwierigkeit macht und Widerstand leistet, als wenn sie sich gleich auf die Erde legen lässt.« Nun denn, dieser Pierre ist der Mann, dessen Büste den Medici-Brunnen bei der Abtei von Brantôme ziert. Nur zehn gemütliche Kilometer sind es von dort über die D 78 entlang der Dronne bis Bourdeilles, dem Geburtsort des Schriftstellers.

Der Herbst lässt Gold auf die alten Burgmauern von Bourdeilles regnen.

Ganz schön viel Schloss …

Das verträumte Dorf am Fuß der Burg besitzt Kopfsteinpflaster, Gärten, eine alte Brücke und noch viel verträumtere Ruheplätze entlang des Flussufers. Was das Château angeht, so wird Ihnen mit Sicherheit aufs Butterbrot geschmiert, dass es sich nicht um ein, sondern um zwei Schlösser handelt:

die **mittelalterliche Burg** einerseits, mithin jenen alten Stammsitz der Barone, und nebenan einen **Palast der Renaissance** andererseits. Die Burg lohnt wegen des Rundblicks vom 35 m hohen Turm, der Palast vor allem wegen seines Mobiliars und wegen der bemalten Decke im Salon Doré. Zur Anlage gehört ein kleiner formaler **Garten,** der die Freuden des Schlossbesuchs beträchtlich steigert.
https://chateau-bourdeilles.fr/fr, Juli/Aug. tgl. 10–19, April–Juni, Sept./Okt. tgl. 10–13, 14–18, Febr./März, Nov./Dez. Di–So 10–13, 14–17 Uhr, 9,50 €

Fluss der Träume und Legenden

Beim Doppelschloss quert seit dem 13. Jh. eine **Brücke** den Fluss, sie wurde 1735 restauriert und ist Ausgangspunkt für einen kleinen Uferspaziergang. Pflanzenliebhabern wird auffallen, dass es im Ort exotische Bäume gibt. Schon 1830 wurde in Bourdeilles eine Sequoia gepflanzt, einer jener Riesenmammutbäume aus der kalifornischen Sierra Nevada. Um Längen abstruser ist die Geschichte um **St-Sicaire,** über dessen Reliquien Karl der Große die Abtei im benachbarten Brantôme gründete.

In Nontron hat es sich seit Jahrhunderten eingeschliffen: das Messermachen von Hand.

1183 sollen Mönche von dort eben diese Gebeine im Gepäck gehabt haben, als sie vorübergehend Zuflucht in Bourdeilles suchten.

Massaker der Unschuldigen

Die Episode steht am Beginn der Kirchengeschichte des Ortes, wobei interessant bis skurril ist, was es mit dem bei uns nahezu unbekannten Sicaire auf sich hat. Hintergrund ist das »Massaker der Unschuldigen«, jener Kindermord von Betlehem, den Herodes angeordnet haben soll. Nur Jesus entkam, wie wir aus dem Evangelium wissen, Sicaire und viele andere nicht. Längst wird die Tat angezweifelt, doch im Mittelalter galt sie als bare Münze. Und die Zahl der Opfer hatte sich bis auf 144 000 verwachsen. Kein Problem also für Karl den Großen, mal eben ein paar Reliquien fürs Seelenheil der Region aus dem Ärmel zu zaubern.

Messer zählen zu den eher selten gekauften Souvenirs, finden sich aber allemal in den Vitrinen des Périgord Vert. Denn **Nontron** (🕮 D 1), größter, aber doch unspektakulärer Ort in der nördlichen Dordogne, ist Frankreichs ältester Klingenproduzent mit einer Tradition, die eventuell schon vor dem Mittelalter begann. Es heißt, dass auch die Pariser Unterwelt ihre Stichwaffen aus Nontron bezog. Studien- und Einkaufsadresse vor Ort: Coutellerie Nontronaise (Pl. Paul Bert, Nontron, https://coutellerie-nontronnaise.com, Mo–Fr 9–12, 13.30–17.30 Uhr, Eintritt frei).

Schmelzofen des Teufels

Kehren wir zurück auf den Boden der Tatsachen, zum **Fourneau du Diable.** Dieser Felsüberhang liegt rund 1,5 km nördlich des Dorfes an der D 106 E2 und ist nett anzusehen hier am Flussufer, aber inzwischen auch nicht mehr als das. Sein größter Schatz, ein gut 20 000 Jahre altes Flachrelief mit der Darstellung von Auerochsen, befindet sich nämlich heute im Prähistorischen Museum von Les Eyzies (▸ S. 87).

Wie zu Ritterzeiten

Hostellerie les Griffons

Das Haus wurde im 16. Jh. neben die mittelalterliche Brücke gebaut. Balkenwerk und offene Kamine prägen den gemütlichen Charakter der Zimmer, aus denen man auf den Fluss und teils auch auf das Schloss schaut. Zum Frühstück sitzt man auf der Veranda direkt am Ufer der Dronne. Abends ausgezeichnete Verpflegung im Speisesaal.

Pont, Grand'Rue, T 05 53 45 45 35, www.griffons.fr, Nov.–März geschl., 10 Zimmer | DZ €€, Menü €€€

Gelungene Allianz im alten Haus

Hostellerie le Donjon

Das englisch-französische Besitzerehepaar sorgt für unterhaltsame Dialoge und einen hohen Gästeanteil an »Rosbifs«, wie man in Frankreich die oft sonnenverbrannten Briten nennt. Frühstück und Abendessen serviert Monsieur im wundervollen Innenhof des Hauses aus dem 17. Jh.

Pl. de la Halle, T 05 53 04 07 50, www.hostellerie-ledonjon.fr, 5 Zimmer | DZ €, Menü €€

Hier spielt die Dorfmusik!

Café de la Halle

Man staunt, wie lange sich in einem so kleinen Ort der Abend an der Place de la Halle hinzieht. Das Café, das seine Gäste tagsüber auch mit preiswerten Speisen versorgt, wird montags abends Treffpunkt von Musikern der Gegend, die dann oft auch live dort spielen. Dazu wird ab 19.30 Uhr ein guter ›Apéro Trad‹ serviert.

Pl. de la Halle, T 05 53 03 75 45

St-Jean-de-Côle

E 1

Das Dorf ist als einziges im Périgord Vert in den Kreis der ›Plus beaux villages de France‹ aufgenommen, es ist zudem Mitglied der ›Villes et villages fleuris‹ und war obendrein Sieger im Wettstreit ›Les toits de France‹. Moment mal, ›les toits‹? Nun ja, Frankreichs Dächer eben. Ob uns solche Kampflaune der rund 350 Einwohner noch normal erscheint, wäre eine andere Frage. Ohne Zweifel aber betritt man hier eines der schönsten Dörfer Frankreichs, das mit reichem Blumenschmuck und – auch das – mit vorbildlich gedeckten Häusern aufwartet.

Neuzeit? Was ist das?

Die **Rue du Fond** mit ihrem Fachwerk war eine Art Willkommensgruß an die Jakobspilger, die vom späten 11. Jh. an Station im hiesigen Augustinerpriorat machten. Sie besuchten die **Église St-Jean-Baptiste,** genossen für die Dauer ihres Aufenthaltes den Schutz des später so genannten **Château de la Marthonie** und querten schließlich über die **romanische Brücke** den Fluss Côle, um ihre lange Reise fortzusetzen. Ein verheerender Überfall der Engländer im Hundertjährigen Krieg beließ vom mittelalterlichen St-Jean kaum einen Stein auf dem anderen. Aber sämtliche Gebäude wurden ab dem 15. Jh. neu errichtet und ergeben heute ein wundervolles, verträumtes Ensemble.

Grüne Hügel für rosa Brillen

Le Puyfavard

Ein britisches Ehepaar hat das Haus aus dem 19. Jh. in ein B&B mit kleinen Mängeln verwandelt. Zur Wahl stehen zwei etwas stickige Zimmer mit antiken Möbeln. Der große Garten mit Terrasse und Pool macht die abgeschiedene Lage sehr erlebenswert. Für Ausflüge auf der Voie Verte (▸ S. 28) gibt's Mietfahrräder.

Hauptstadt der Stopfleber – **Thiviers**

Knappes Urteil: Stopfleber kommt nicht ohne Tierquälerei aus, gehört demnach verboten. Doch viele Fleischesser werden trotzdem nicht davon lassen ... Und trösten sich vielleicht damit, dass das Leben der Hühner, aus denen Chicken Nuggets werden, sich kaum besser darstellt als das der Enten und Gänse in den Traditionsbetrieben des Périgord.

Die **Route du Foie Gras** ist eine gedachte Schlängellinie durchs Périgord, an der sich Landwirte und Restaurants mit spezieller Liebe zur Stopfleber aufreihen. Mit dabei und nicht weit von Thiviers gelegen sind als Produzent **À la truffe du Périgord** 1 und als Gastronom **La Table** 1. Die Stationen lassen sich per App und QR Code erfassen – doch wer wird schon von Hof zu Hof, Tisch zu Tisch fahren, um sich mit Geflügelzucht, Mast und Völlerei zu belasten?

Fettleber light

Und doch sollte man es übers Herz bringen, sich mit einem Produkt zu beschäftigen, das den Franzosen als Kulturgut gilt und in seiner feinsten Qualität sogar ein Siegel namens ›Indication Géographie Protégée‹ erhält. Dieses IGP garantiert die lokale Herkunft und Verarbeitung. Das hat vor allem auch für das Geflügel Bedeutung. Zunächst gilt dort Freilandhaltung bis zum Beginn der Mast *(gavage)* als qualitätssichernd. Die Zwangsernährung erfolgt mit deutlich weniger brutalen Methoden als in Industriebetrieben, Verletzungen halten sich deshalb in engeren Grenzen. Ergebnis ist, dass die Leber nicht so sehr anschwillt, was das Leiden der Tiere unter dem hohen Organgewicht vermindert. Wer damit klarkommt: Stopfleber aus Manufakturen soll zudem schmackhafter sein.

Zur Frage, ob die Produktion von Foie gras auch ohne *gavage* möglich ist: Weltweit einzigartig ist das Beispiel von **Eduardo Sousa.** Mitten in der kargen spanischen Extremadura besitzt seine Farm ein solches Überangebot an Futterpflanzen, dass sich Gänse, einem Instinkt folgend, über Gebühr Reserven anfressen (https://lapateria.eu).

Per Schaukasten auf Distanz

2010 wurde Thiviers, eine Kleinstadt mit nur wenigen Attraktionen, zur ›Leberhauptstadt‹ des Périgord Vert erkoren und erhielt eine **Maison du Foie**

In der Dordogne ein Beruf wie jeder andere: ›Gänsestopferin‹.

Gras 2. Auf 450 m² gibt es dort Einblicke in Geschichte und Gegenwart des Stopfleberhandwerks. Ländliche Idyllen als Dioramen und das gutmütige Erscheinungsbild von Enten und Gänsen sollen das Metier ins nahezu Unbedenkliche rücken.

INFOS/ÖFFNUNGSZEITEN

À la truffe du Périgord 1: La Dulgarie, 6, rue de Périgueux, 24420 Sarliac-sur-l'Isle, T 05 53 07 84 31, www.alatruffeduperigord.fr

Maison du Foie Gras/Office de Tourisme du Périgord Gourmand 2: 8, pl. du Mar. Foch, 24800 Thiviers, T 05 53 55 12 50, mit Boutique, www.perigorddecouverte.com, April–Aug. Mo–Fr 9/9.30–13, 14/14.30–18/18.30, Sa 9–13, 15–18/18.30, So 9.30/10–13, Okt.–März Mo–Fr 10–12.30, 14–17.30, Sa 9–13, 15–17.30 Uhr

PILGERORT …

… für Foie-gras-Liebhaber ist **La Table** 1 (Villac, 24640 Cubjac, T 05 53 53 83 94, www.facebook.com/Philippe.Mesuron.LaTable | €€).

LUSTIG IST DAS MONGOLENLEBEN…

… denkt sich Familie Loux und bietet auf ihrem Anwesen Übernachtungen in prächtigen Jurten an. Ein Frühstücksbüfett im Freien (€) gehört bei **Yourtes en Périgord** 1 ebenso zum Spaß wie Animation für Kinder (Moulin de la Jarousse, 24270 Lanouaille, T 05 53 52 37 91, www.location-en-dordogne.com/locations.html | €€).

REGIONALIA

Walnüsse, Trüffeln und Foie gras sind Kerngeschäft auf dem samstäglichen **Markt** in Thiviers. Mitte Juli wird daraus mit Thiv'Oie ein großes Leber-Volksfest.

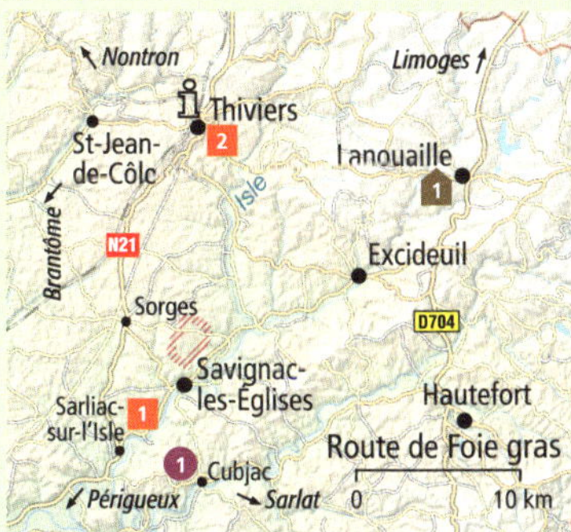

Faltplan: E/F 1–3 | **Zug** nach Limoges, Poitiers und Bordeaux, **Bus** nach Périgueux

Zum Paradies? Immer der Nase nach. An der Dronne und ihren Nebenflüssen warten Bilder von der Herrlichkeit der Erde.

Lieu-dit Puyfavard, 24530 Villars (5 km westl., über D 98 zu erreichen), T 05 53 08 20 32, 2 Zimmer, DZ €, Abendessen auf Vorbestellung €

Kultkneipe am Kirchplatz

La Perla

Meistens sind es illustre Gäste, die hier am Kirchplatz in geselliger Runde speisen oder ihren Kaffee schlürfen. Das junge Team sorgt für gute Stimmung bis spät am Abend und für eine sättigende, einfache Mahlzeit. Die Atmosphäre erinnert jene, die es erlebt haben, an die Hippie-Ära.

Pl. de l'Église, T 05 53 52 38 11, auf Facebook | €

Ein Schnäpschen in Ehren …

Clovis Reymond

Die 1834 gegründete Destillerie hat ihren Hauptsitz in Villamblard (🕮 C 4; 60 km südl.), bietet ihre seltenen Liköre und Schnäpse aber auch in einem Verkaufsraum hier in St-Jean an.

Pl. de l'Église, www.clovisreymond.com

Grün unterwegs

Voie Verte und Vélorail

Von der Bahnstrecke zwischen Angoulême und Brive, dem Hoffnungsträger im 19. Jh., ist ein 17 km langes Teilstück von St-Pardoux-la-Rivière über St-Jean nach Thiviers (🕮 D–E 1) verblieben. Heute wird es als **Voie Verte** zu Freizeitzwecken genutzt. Gäste des Chambre d'hôte Le Puyfavard (▸ S. 25) können dort Fahrräder mieten. Von Thiviers weiter über Eyzerac nach Corgnac-sur-l'Isle (🕮 E 1–2) lockt ein **Vélorail,** eine Draisinenfahrt – mit Gefälle nach Corgnac und anstrengender Steigung in Gegenrichtung. Aus genau dem Grund darf man leider nur in Corgnac starten.

www.af3v.org/-Fiche-VVV-.html?voie=67; https://veloraildefrance.com

Infos und Termine

Office de Tourisme: 19, rue du Château, 24800 St-Jean-de-Côle, T 05 53 62 14 15, ot.stjean@pays-thiberien.fr
Les Floralies: Wochenende um den 8. Mai, Blumenfest mit Tausenden Besuchern und noch mehr Blüten
Jeudis de St-Jean: im Juli/Aug. Do 17.30 Uhr Benefizkonzerte div. Sparten in der und für die Kirche St-Jean

In der Umgebung

Alt, älter, am ältesten

Villars (🕮 D 1), keine 10 km westlich von St-Jean, hat ein eigenes Château, aber das dient mittlerweile als Pension. Nun ist die Gegend nicht arm an Schlössern. Das schönste darunter, im frühen 16. Jh. nach dem Vorbild der großen Loire-Bauten errichtet, befindet sich am nordwestlichen Ortsrand und heißt

Château de Puyguilhem (🗺 D 1). Über Nebenstraßen gelangt man von dort zur ausgeschilderten Abbaye de Boschaud (🗺 D 1). Die frei zugängliche Ruine der Zisterzienserabtei (1154–1159) trägt keinen Heiligennamen, da man nicht weiß, welche Reliquien dort einst verwahrt wurden.

www.chateau-puyguilhem.fr, Mai–Aug. tgl. 10–12.30, 14–18.30, Sept., April Di–So 10–12.30, 14–17.30, Okt.–März Mi–So 10–12.30, 14–17.30 Uhr, 7 €

Punkt, Punkt, Komma, Strich

Weiter geht's 3 km über die D 82 zur **Grotte de Villars** (🗺 E 1). Von diesem größten Tropfsteinhöhlensystem des Périgord wurden bislang 13 km erkundet. Aber nicht mit ihren Ausmaßen wirbt die Grotte, zumal nur ein kleiner Teil besichtigt werden kann. Attraktion ist vielmehr, dass sich in der 1953 entdeckten Höhle prähistorische Felsmalereien unter den Kalkablagerungen befinden, so auch die seltene Darstellung eines Menschen. Eine computergesteuerte Ton-Licht-Show steigert die Dramatik der Tropfsteingebilde, die also erst nach Nutzung der Grotte durch Frühmenschen entstanden.

http://grotte-villars.com, Juli/Aug. 10–19, April–Juni, Sept. 10–12, 14–18, Okt.–Mitte Nov. 14–18 Uhr, 12 €

Vier Landschaftszonen umfasst der **Regionale Naturpark Périgord-Limousin** (Parc Naturel Régional Périgord-Limousin): Bocage Limousin und Massif des Feuillardiers im Süden der Haute-Vienne, Plateaux Jumilhacois und Vallées Périgourdines im Norden der Dordogne. Den Besucher erwarten u. a. 2500 km Wanderwege und eine Vielfalt teils seltener Pflanzen. Unternimmt man etwa zwischen April und Juni eine Tour durch die Dörfer Milhac-de-Nontron (🗺 E 1), St-Front-la-Rivière, St-Pardoux-la-Rivière und Champs-Romain (alle drei 🗺 D 1), so kann man dort 22 Orchideenarten in Blüte erleben. Champs-Romain lockt außerdem mit dem Wasserfall Saut du Chalard, die Nachbargemeinde St-Saud-Lacoussière (🗺 E 1) derweil mit dem Arboretum de Montagnac und dem Trou de Philippou, einer bizarren Felsformation im Fluss Dronne (Maison du Parc, La Barde, 24450 La Coquille, T 05 53 55 36 00, www.pnr-perigord-limousin.fr).

Trüffelhund sucht Trüffelschwein – **Besuch in Sorges**

Sachen gibt's, die gibt's gar nicht – zum Beispiel Canitruf. Hergestellt und in Dosen abgefüllt wird dieses Aromaöl in Cahors. Sein Zweck ist es, den Hund, lat. ›canis‹, auf die Trüffel, franz. ›truffe‹, abzurichten. Denn im Unterschied zu Schweinen haben Hunde kein angeborenes Verlangen nach dem unterirdischen Pilz. Womit wir im Thema wären – aber noch nicht in Sorges.

Wer glaubt, in Sorges liegt der Hund begraben, weiß nichts über das Leben von Trüffelsammler Édouard Aynaud.

»Et voici …«, sagt Yves Nottelet und klappt die Fensterläden auf: »… la campagne!« Für den Chef der **Auberge de la Truffe** ❶ ist dieses Land schon deshalb belebend, weil es Trüffeln für seine Restaurantgäste liefert. Was nicht jeden erfreut, denn Trüffelduft ist eigen, erdig, für manche unangenehm moderig. Genießer balgen zudem um die Qualität der rund 40 Arten, wobei *tuber melanosporum,* die Schwarze Périgord-Trüffel, nicht zwingend die Höchstnote erhält. Gleichwohl ist sie mit einem Kilopreis bis 2000 € nach der weißen Alba die zweitteuerste.

Der Hund, das bessere Trüffelschwein

Zwar ist dies Grund genug, Trüffeln nicht den Schweinen zum Fraß zu lassen. Dennoch haftet das Klischee im Kopf: Mann und Sau im dichten Eichenwald. Das begeistert Fotografen, mehr nicht. Denn aus Ferkeln werden mit den Jahren so gewitzte, gefräßige und gewichtige Tiere, dass man sie nur mit viel Erfahrung noch bändigen kann. Ein Hund hingegen ist ausdauernder und begnügt sich mit einem leckeren Happen als Belohnung. Um es vorwegzunehmen: gerne auch mit Wurst vom Schwein.

Seit 1982 lädt ein Anbau des Office de Tourisme als **Écomusée de la Truffe** 1 zu Einblicken ins Trüffelgewerbe ein. Man lernt, dass es auch Trüffelfliegen gibt, dass kalkhaltige Böden und mediterranes Klima den Wuchs fördern, dass der Pilz eine Symbiose mit Pflanzen wie Haselnuss und Eiche führt, indem er ihr Wurzelwachstum und ihre Photosynthese begünstigt.

Eine Pilgerherberge bei der Dorfkirche verrät, dass Sorges an der Strecke Vézelay–Périgueux des **Jakobsweges** liegt (Karte und Beschreibungen auf Französisch unter: www.compostelle-limousin-perigord.fr).

Nur mit Nasenklammer?

Kaum hatte Carlo Vittadini 1831 das Wesen der Schwarzen Trüffel beschrieben, wurde Sorges Pionier einer gezielten Kultivierung. Kein Wunder, dass Gäste hier einen **Sentier des Truffières** 2 finden (Plan im Museum). Folgen Sie der D 68 Richtung Savignac, dann dem ersten Sträßchen rechts zu einem Parkplatz kurz hinter Puycousin. Schilder begleiten den 3 km langen Lehrpfad. Bei einer alten Eichenpflanzung erfährt man, dass der Trüffel in so dichtem Wald Licht und Wärme fehlen und vielmehr junge Bäume für den Wuchs erforderlich sind. Da bei Ihrem Besuch wahrscheinlich Sommer ist und die Erntezeit im Winter liegt, sind keinerlei Aktivitäten zu sehen. Allenfalls sehen Sie kahle Stellen rings um die Wirtspflanzen, als sei dort Unkrautvernichter am Werk. Tatsächlich haben Trüffel genau diese Wirkung auf andere Pflanzen, teils durch Zellzerstörung und teils – tja, durch den Gestank, den die übrige Flora nicht erträgt. Sollten Sie robuster sein, besuchen Sie in Sorges den **Trüffelmarkt** 1.

INFOS/ÖFFNUNGSZEITEN

Office de Tourisme/Écomusée 1: T 05 53 05 90 11, https://ecomuseedelatruffe.com, Juli/Aug. Mo–Fr 10–18, Sa/So 10–12.30, 14–18, sonst Mo–Sa 10–12.30, 14–17.30 Uhr, 5 €; gut bestückter Museumsshop

Auberge de la Truffe 1: 14, rue Châteaureynaud, T 05 53 05 02 05, www.auberge-de-la-truffe.com, Menü mittags €, abends €€, mit Trüffeln €€€; bei einem verlängerten Wochenende (Fr–So) mit Trüffelvollpension und Führungen kann man auch Bekanntschaft mit Trüffelherrn und -hund schließen (395 €).

WILD AUF TRÜFFEL ...

Trüffelmarkt 1: Dez./Jan. So vorm., Sommertrüffeln Juli/Aug. Nachtmärkte

Faltplan: E 2 | **Bus** ab Savignac-l.-Églises (6,5 km südöstl.) nach Excideuil/Périgueux

Périgord Blanc

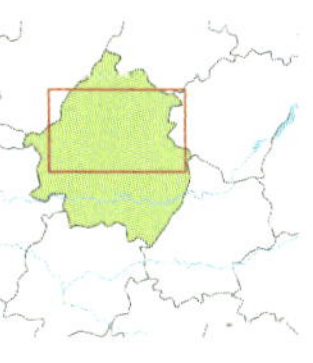

Weiß ist dieser Teil des Périgord wegen der Kalkböden – und wer es sarkastisch ausdrücken möchte, überträgt das Weiße auch auf die touristische Landkarte, wo kaum ein Ort zum längeren Verweilen lockt. Allerdings befindet sich hier im Zentrum auch die Hauptstadt Périgueux, ein wundervolles Fleckchen am Fluss Isle mit bedeutender antiker Vergangenheit und mit einer Pilgerstätte, die seit dem Mittelalter blüht. Dieses Städtchen vereint Kultur mit Lebensfreude und lässt vergessen, dass dem übrigen Périgord Blanc die Würze fehlt.

Périgueux 🕮 D 3

Das ist malerisch, aber so richtig! Vor allem an einem kühlen Morgen bei aufsteigendem Nebel. Dann scheint die Kathedrale wie eine Botschaft aus dem Orient über dem Fluss Isle zu schweben. Wieso Orient? Nun, es sind die Schuppendächer, die den exotischen Eindruck vermitteln. Letztlich handelt es sich dabei nur um eine launige Zutat des Restaurators Paul Abadie, die dann aber doch die Silhouette der Stadt prägt. Mit knapp 30 000 Einwohnern ist sie die Hauptstadt des Périgord und in solcher Bescheidenheit ein Indiz für den rundum ländlichen Charakter der Region.

WAS TUN IN PÉRIGUEUX?

Ein Kilometer Altstadt

Périgueux ist das seltene Beispiel einer Stadt mit zwei separaten Wehrmauern – wenn auch beide nicht mehr stehen. Die Doppelausstattung schützte zwei zeitlich versetzte Siedlungen, das antike Vesunna einerseits (▸ S. 38) und den mittelalterlichen Pilgerort Puy St-Front andererseits. Von St-Fronts Mauern blieb die **Tour Mataguerre** 1 als letzter von 28 Rundtürmen – ein Glücksfall für alle, die mal eben von den Zinnen aus die Dächer der Stadt fotografieren wollen (Mo, Mi, Sa 11–13, 14–18, Di, Do, Fr 14–17 Uhr, 2 €). In einem der Häuser dort, **4–6, rue des Farges** 2, soll vorübergehend Bertran du Guesclin gewohnt haben. Da man dieses Ekelpaket des Hundertjährigen Krieges in Frankreich zum Helden stilisiert, lockt die Meldung sogar einige Besucher.

Wie ein aufgeschlagenes Bilderbuch

Andere bestaunen einfach nur die wehrhafte bis imposante Renaissance- und Barockarchitektur. Schönste Schauobjekte sind **Hôtel de Saltgourde** 3 (4/8, rue Aubergerie) mit seinem wuchtigen Eckturm, der einen stattlichen Treppenaufgang birgt, und nicht weit davon das ebenfalls aus dem 15. Jh. stammende **Hôtel de Ladouze** 4 (16, rue Aubergerie). Verteidigungselemente, wie sie dort zu sehen sind, etwa die Pechnasen, bestimmen auch die eher schlichte Fassade des **Palais Gilles Lagrange** 5 (Pl. de l'Ancien Hôtel de Ville), während das **Hôtel de Lestrade** 6 (1, rue de la Sagesse) immerhin mit einer prächtigen Treppe aus dem 16. Jh. aufwartet. Sie demonstriert den Übergang von den noch mittelalterlichen Wehrtraditionen zur gehobenen Wohnkultur der Renaissance. Wurzeln bereits im 12. Jh. hat möglicherweise die **Maison du Pâtissier** 7 (Rue St-Louis), die um 1518 umgebaut und bei der Gelegenheit mit einem sehr schönen Eckportal versehen wurde. Überaus stattlich ist die Fassade der **Maison Estignard** 8 (3, rue Limogeanne), ab 1886 Sitz der Messerschleiferei *(coutellerie)* Favie. 2017 wechselte das Traditionshaus ins Portfolio eines Investors aus Bordeaux, der darin Luxusappartements einrichtet. Als ›Maisons des Quais‹ bekannt sind schließlich **Maison des Consuls** 9 und **Maison Lambert** 10 (16 und 17, bd. Saumande), die ab dem späten 15. Jh. in malerischer Lage am Fluss errichtet und erweitert wurden. Stilistisch repräsentieren sie den Übergang von der Flamboyant-Gotik über die Renaissance bis hin zum Barock.

Zielort Heiligkeit

Selig entschlafen am 25. Oktober des Jahres Irgendwann, hernach heiliggesprochen. Fronto soll zur Römerzeit erster Bischof in Périgueux gewesen sein. Es traf sich bestens, dass um 900 Reliquien dieses mysteriösen Mannes auftauchten, denn darüber ließ sich eine Kirche am gerade aufblühenden Jakobsweg errichten. Dank der Pilgergaben konnte die Grabkapelle später als byzantinisch-romanische **Cathédrale St-Front** 11 zum größten Gotteshaus Südwestfrankreichs ausgebaut werden (tgl. 9–19 Uhr). Mit San Marco in Venedig hat sie den Grundriss in Form eines griechischen Kreuzes gemein. Die Türme und 35 m hohen Kuppeln

Spieglein, Spieglein – das Schaufenster des Eiscafés reflektiert die Mauern der Kathedrale, die Schrift verrät Italien-Sehnsucht.

deckte Architekt Paul Abadie im 19. Jh. mit orientalisierenden Schuppendächern. Damit hatte er sich selbst das Vorbild für Sacré-Cœur in Paris geschaffen.

MUSEEN, DIE LOHNEN

Verknöcherte Vorgeschichte

MAAP 12

Das Musée d'Art et d'Archéologie du Périgord ist der verwegene Versuch, einfach mal alles an Kunst- und Kulturgeschichte der Region, Frankreichs und der Welt unter einem Dach zu versammeln. Was auch in diesem Fall nicht gelingt. Exponate aus Übersee sind zu sehen, weil Kolonialbeamte und Missionare sie als Trophäen heimbrachten. Auch europäische Tafelmalerei diverser Schulen gelangte per Zufallsprinzip ins Museum, das einst ein Kloster war. Ergiebiger ist die Antikensammlung mit Fundstücken aus Périgueux' Römerstadt Vesunna. Aber das wirklich sehenswerte Herzstück des Museums bleibt die prähistorische Abteilung. Zu sehen ist etwa das Skelett eines Neandertalers, gefunden in der

PÉRIGUEUX

Sehenswert

1. Tour Mataguerre
2. 4-6, rue des Farges
3. Hôtel de Saltgourde
4. Hôtel de Ladouze
5. Palais Gilles Lagrange
6. Hôtel de Lestrade
7. Maison du Pâtissier
8. Maison Estignard
9. Maison des Consuls
10. Maison Lambert
11. Cathédrale St-Front
12. MAAP – Musée d'Art et d'Archéologie du Périgord
13. Musée Militaire du Périgord
14. Jardin des Arènes
15. Porte Normande
16. Château Barrière
17. Tour Vésone
18. Musée gallo-romain

In fremden Betten

1. Château de Lalande
2. La Glacière
3. L'Écluse
4. Couleurs du Temps

Satt & glücklich

1. Hercule Poireau
2. Café Louise
3. Chez Manija
4. Jaune Poussin
5. Izba
6. Taraval
7. Fournil de la Cité

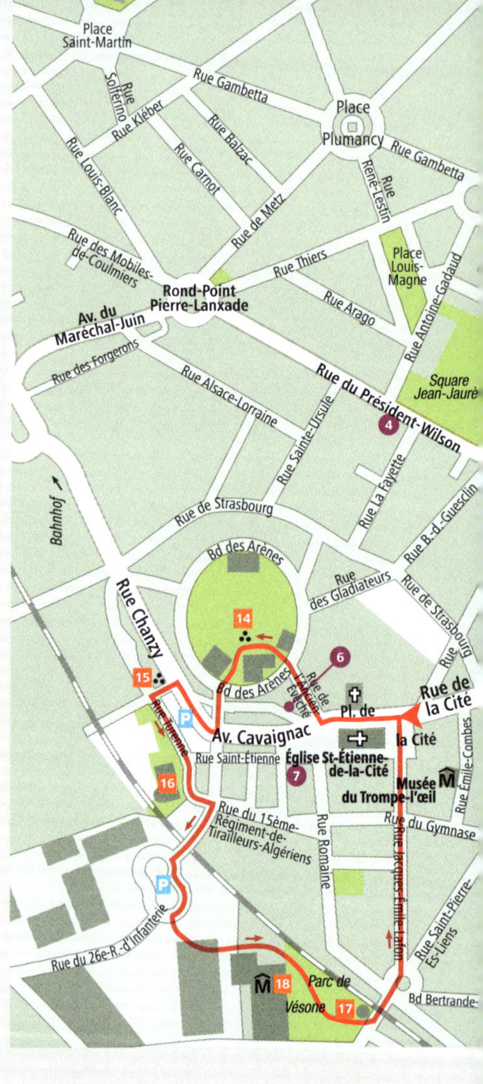

Stöbern & entdecken

1. Marché hebdomadaire (Wochenmarkt)
2. Marché de gras
3. Marché aux truffes
4. Rue Limogeanne

Wenn die Nacht beginnt

1. Le Sans Réserve
2. CGR Cinémas

Sport & Aktivitäten

1. Bubble Bump
2. AL Périgueux Canoë Kayak
3. Grand Périgueux

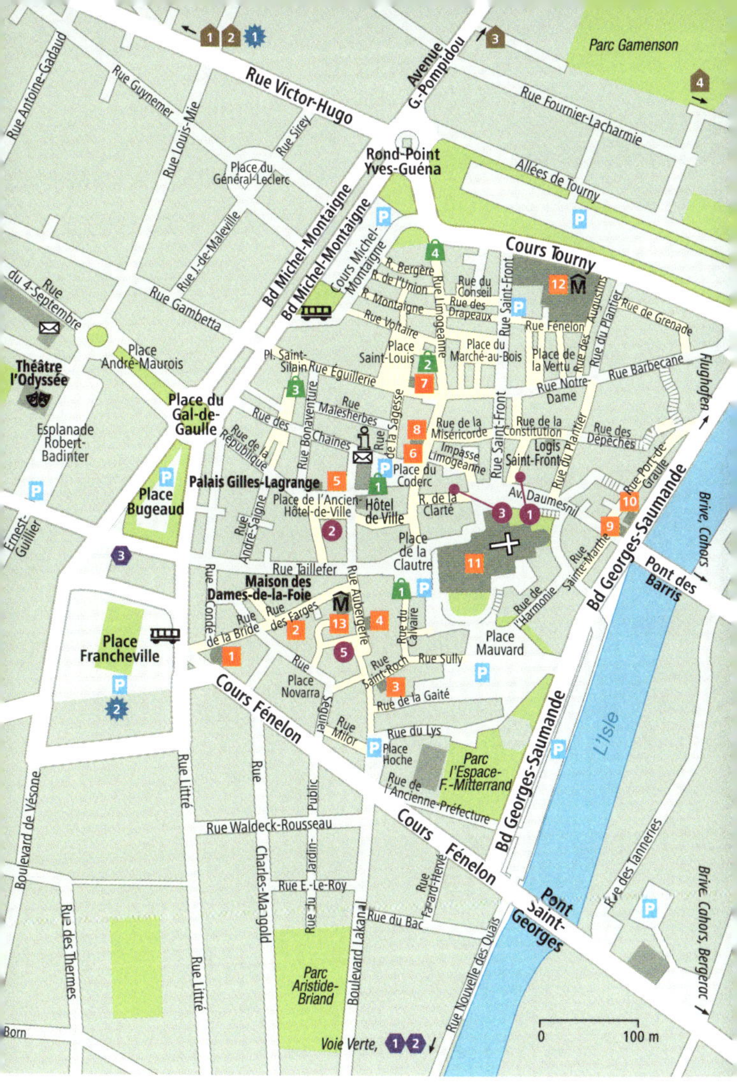

Nähe von Lascaux, das auf ein Alter von 90 000 Jahren geschätzt wird und damit zeitlich zwischen den ältesten bekannten Überbleibseln aus Kroatien (130 000 Jahre) und dem namengebenden Fund im deutschen Neandertal (42 000 Jahre) liegt. Die Art war längst ausgestorben, als vor 12 000 Jahren nahe Périgueux der Mensch von Chancelade, ein Verwandter des Cro-Magnon, bestattet wurde. Auch seine Knochen sind im MAAP zu sehen.

22, cours Tourny, T 05 53 06 40 70, www.perigueux-maap.fr, April–Sept. Mo, Mi–Fr 10.30–17.30, Sa/So 13–18, Okt.–März Mo, Mi–Fr 10–17, Sa/So 13–18 Uhr, 6 €

Mit martialischem Blick

Musée Militaire du Périgord 13

Das Museum ist ein fast putziges Überbleibsel der Zeit nach 1900, als alte Kameraden noch Heldenverehrung genossen. Allerdings wurde auch anlässlich jüngerer Kriege aufgerüstet.

Fenster zur Vergangenheit – **Römerstadt Vesunna in Périgueux**

Nach glanzvollen Zeiten bröselte das Mauerwerk der römischen Stadtgründung Vesunna Petrucoriorum ebenso wie ihr Name. Im späteren »Périgueux« erkennt man noch den Nachhall. Derweil sprach man von der alten Römersiedlung nur noch als »Cité«. Eine Bestandsaufname.

Was von Vesunna blieb, ist wie abgesäbelt von der neuen Stadt. Eine Rue des Gladiateurs führt zum **Jardin des Arènes** 14, dessen elliptische Form ahnen lässt, dass es hier die Spiele zum Brot gab. Nahezu alle 20 000 Bewohner Vesunnas konnten in diesem größten Amphitheater der Region Mord und Todschlag live erleben. Nachdem sich ein Nonnenkloster der verbliebenen Steine bedient hatte, wurde im 19. Jh. über dem Grundriss der Arena ein Park ausgebreitet. In seinem Brunnen vergnügen sich Kinder, als hätten sie Roms Fontana di Trevi neu entdeckt.

Auch die Göttin ging ...

Der Aus-, An- und Umbau mit antikem Gemäuer war Bestimmung Vesunnas. Wer in der Cité bei mächtigen Quadern auf Antike tippt, liegt meistens falsch. Schon im 3. Jh. waren massenhaft Steine aus der Gründungszeit für eine mächtige Wehrmauer verwendet worden. Von ihr blieb vor allem eines der Tore, die **Porte Normande** 15, während das weitgehend zerstörte **Château Barrière** 16 nebenan erst aus dem 12./13. Jh. stammt. Richtig römisch ist gerade mal die **Tour Vésone** 17, ein teils erhaltener Tempelturm aus dem 2. Jh., in dem einst die Statue der Göttin Vesunna stand.

Nouvels futuristischer Blick zurück

Bei so viel Raubbau am antiken Erbe bleibt es ein Glücksfall, dass 1959 Spuren einer Stadtvilla zutage kamen. Sie wurde in mehreren Ausgrabungsphasen freigelegt und erwies sich als so gut erhal-

Ü
ÜBRIGENS

Das eine Wort bedeutet ›vier‹, das andere ›Streitmacht‹. Als solche, *petro corii,* wanderte ein Keltenstamm in Cäsars langatmigen Bericht über den Feldzug (»De bello Gallico«), mit dem ganz Gallien ... als »Asterix«-Leser wissen Sie ja Bescheid. Am Ende dieses leidigen Liedes stand die römische Stadtgründung **Vesunna Petrucoriorum.**

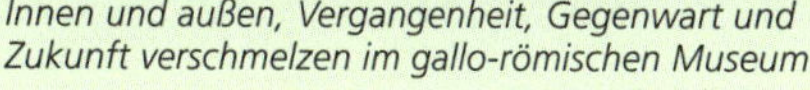

Innen und außen, Vergangenheit, Gegenwart und Zukunft verschmelzen im gallo-römischen Museum.

Les Jeudis Romains sind mehrstündige Sonderveranstaltungen im Museum, bei denen jeweils donnerstags Themen wie die Brotbackkunst der Römer, Olympische Spiele und Astronomie der Antike erörtert werden – freilich in französischer Sprache.

ten, dass man darüber das **Musée gallo-romain** 18 errichtete. Grabplatten, eine Merkur-Statue und Wandmalereien der Villa sind dort ebenso zu sehen wie ein 3-D-Film, der einen umfassenden Eindruck von diesem römischen Haus gibt. Sehenswert ist aber auch das Museumsgebäude selbst, eine Glas-Metall-Konstruktion des Architekten Jean Nouvel, der damit ein »Fenster zur Vergangenheit« schaffen wollte.

INFOS/ÖFFNUNGSZEITEN

Jardin des Arènes 14: 2. April–Sept. tgl. 7.30–21, Okt.–1. April tgl. 7.30–18.30 Uhr

Musée gallo-romain 18: Parc de Vésone, T 05 53 53 00 92, www.perigueux-vesunna.fr, April–Juni, Sept. Di–Fr 9.30–17.30, Sa/So 10–12.30, 14.30–18, Juli/Aug. tgl. 10–19, im Winter Di–Fr 9.30–12.30, 13.30–17, Sa/So 10–12.30, 14.30–18 Uhr, 6 €, Kinder unter 6 Jahren frei, Audioguide (auch deutsch) 1 €; im Sommer tgl. 15 Uhr einstündige Führung, 1 € Aufpreis

Im **Shop des Museums** finden sich zahlreiche Publikationen, auch für Kinder.

KAFFEEKLATSCH

Das alte Vesunna ist kulinarisch sehr schlecht bestückt. Auf dem Platz vor der Église St-Étienne-de-la-Cité, die gut sichtbar über die Dächer ragt, erhält man einen Kaffee im **Taraval** 6 und Backwerk gegenüber im **Fournil de la Cité** 7.

BEI HOHEN TEMPERATUREN

… empfiehlt es sich, diese Tour mit dem Fahrrad durchzuführen. Mieten kann man es zum Beispiel über **Grand Périgueux** 3 (11, rue du Président Wilson, T 05 53 53 30 37, www.grandperigueux.fr, Stichwort ›Location Vélo‹).

Faltplan: D 3 | **Cityplan:** S. 36

Aus einem Fundus von über 12 000 Objekten arrangiert das Museum Kollektionen zu wechselnden Aspekten der Militärgeschichte.

32, rue des Farges, T 05 53 53 47 36, www.museemilitaire-perigord.fr, Mo–Sa 14–18 Uhr, 6 €

SCHLEMMEN, SHOPPEN, SCHLAFEN

In fremden Betten

Unverschämt luxuriös
Château de Lalande 1
Schlosshotel aus dem 18./19. Jh., umgeben von Park und Pool. Falls die Barschaft reicht, brauchen Sie gar nicht durch die Dordogne zu reisen, sondern können Ihren gesamten Urlaub auch hier verbringen. Herrliches Interieur, exquisite Ruhe, wunderschöner Pool und eine Verwöhnküche im Restaurant.

57, rte. de St-Astier, 24430 Annesse-et-Beaulieu (15 km westl., über D 939/D 3), T 05 53 54 52 30, www.chateau-lalande-perigord.com, 17 Zimmer | DZ €€€, Menü €€€

Eishaus – ganz gemütlich
La Glacière 2
Das Haus, das im frühen 20. Jh. zur Produktion von Eisblöcken gebaut wurde, beherbergt heute ein Chambre d'hôte mit zwei Zimmern und einer Suite. Altes Mobiliar verbindet sich mit modernen Kunstobjekten. Auf 42 bzw. gar 55 m² kann man sich recht gut ausbreiten. Reicht das nicht, bleibt noch der hübsche Garten, wo auch gefrühstückt wird.

70bis, rue Lagrange-Chancel, T 06 73 20 82 78, drei Zimmer | €

Alles im Fluss
L'Écluse 3
Rund 10 km flussaufwärts am Isle-Ufer gelegenes Hotel mit Charme und leider auch einigen Altersschwächen. Die Zimmer besitzen Holzbalkone mit schönem Blick auf Fluss und/oder Park. Landestypische Speisen im Restaurant.

Rte. de Limoges, 24420 Antonne-et-Trigonant (10 km nordöstl., über N 21 zu erreichen), T 05 53 06 00 04, www.ecluse-perigord.com, 44 Zimmer | DZ €, Menü €

Gastgeber der Superlative
Couleurs du Temps 4
Keine fünf Minuten von der Kathedrale entfernt und direkt bei einem Park befindet sich das Haus aus den 30er-Jahren mit sehr geschmackvoll eingerichteten, geräumigen Gästezimmern. Parkettböden und Terrasse schaffen Wohlgefühl, ein Parkplatz ist vorhanden.

20, bd. Albert Claveille, T 06 79 81 83 71, couleursdutempsdordogne.blogspot.de, ganzjährig geöffnet, zwei Zimmer | €

Satt & glücklich

Kulinarisches im Keller
Hercule Poireau 1
Falsch! Agatha Christies Detektiv hieß Poirot. Poireau hingegen ist Lauch, dieses jedoch kein Hinweis auf vegetarische Küche. Vielmehr gibt es Landestypisches mit hohem Fleischgehalt, stilvoll zubereitet und gereicht unter einem Gewölbe aus dem 16. Jh.

2, rue de la Nation, T 05 53 08 90 76, www.restaurant-perigueux-hercule-poireau.fr, Di/Mi geschl. | €€

Italienische Inspirationen

Café Louise 2
Was Franzosen italienisch nennen, ist meistens einfach nur nudellastig. Hier dagegen wird kreiert, zelebriert und kombiniert. So entstehen z. B. die Ravioli mit einer Foie-gras-Füllung. Und charmant sind die Besitzer obendrein.

10, pl. de l'Ancien Hôtel de Ville, T 05 53 08 93 85, So–Di geschl. | €

Indisch im Atrium
Chez Manija 3
Authentische Moghul-Küche, Speisen auch zum Mitnehmen. Selbstabholer verpassen allerdings den wahren Reiz des Restaurants, nämlich die Terrasse in einem historischen Innenhof.

2, impasse Limogeanne, T 05 53 06 11 38, www.chezmanija.com, tgl. | €

Generationen ziehen vorbei, die alten Mauern von Périgueux lassen sie passieren.

Ein Mittag auf Sparflamme
Jaune Poussin 4

Wichtigster Anspruch ist hier, auf hohem Niveau Preiswertes zu servieren. Gelöst wird dies, indem die Speisen in guter Auswahl als Büfett angeboten werden, freilich nur mittags.

33, rue Président Wilson, T 05 53 06 90 70, www.jaune-poussin.com, Mo–Fr 11.45–13.45 Uhr | €

Vegetarische Zuflucht
Izba 5

Inhaberin Daria Sobowiec möchte in der Fremde die Warmherzigkeit ihrer russischen Heimat auf den Tisch bringen. Gewissenhaft weist sie nach, welche Biohöfe der Region ihre Zutaten liefern. Ausschließlich für vegane oder vegetarische Speisen.

19, rue Aubergerie, T 05 53 09 37 51, www.restaurant-izba.com, Di–Sa 12.15–15.15 Uhr, abends und So nur für Gruppen | €

Stöbern & entdecken

Frisches für den Einkaufskorb
Les Marchés

Mit Trüffeln, Steinpilzen, Stopfleber und Kastanien an der Peripherie ist die Hauptstadt der Dordogne prädestiniert für kulinarische Exzesse. Mi und Sa vormittags wird auf der Place de la Clautre und Place du Coderc der **Marché hebdomadaire** 1 (Wochenmarkt) abgehalten. An jedem Mi im Sommer kommt ein nächtlicher Markt hinzu. Einen **Marché de gras** 2 eigens für die Stopfleber gibt es von Mitte Nov.–Mitte März ebenfalls Mi und Sa an der Rue St-Louis. Die Place de l'Ancien Hôtel de Ville ist hingegen Sa vormittags Schauplatz des **Marché aux truffes** 3: von Dez.–Febr. für die Wintertrüffel, im Juli/Aug. für die preiswertere Sommertrüffel.

Flaniermeilen-Flair
Rue Limogeanne 4

Es gibt in der Straße nicht den einen Laden, der rundum glücklich macht, aber viele kleine Überraschungen, die Freude bereiten.

Wenn die Nacht beginnt

Der beliebte Pub Star Inn ist geschlossen, die Kleinkunstbühne Jaune Poussin in ein Restaurant verwandelt. Nächtliche Freuden sind seither reduziert, doch bleiben die Plätze und Cafés im Sommer meistens noch bis Mitternacht belebt.

Aufs Zweirad mit Lawrence – **von Jumilhac nach Hautefort**

1908 radelte der englische Student Thomas Edward Lawrence von Castillon nach Châlus, eine Strecke von 200 Kilometern. Unspektakulär – nur dass aus diesem Studenten Lawrence von Arabien werden sollte und dass er unterwegs war auf den Spuren von Richard Löwenherz. Ein guter Grund für heutige Radler, diesem Lawrence hinterherzuspüren.

Folgen wir dem jungen Mann ein Stück des Weges, über rund 40 km, und erstrampeln uns drei Schlösser. Alle drei attackierte König Löwenherz, bevor er bei Châlus von einem Armbrustschützen niedergestreckt wurde. An dieser Stelle ein Rat: Sie könnten im Périgord leicht auch 30 oder 300 Châteaux besuchen, erweisen sich aber einen größeren Gefallen mit kluger Beschränkung, vielleicht auf Jumilhac, Excideuil und Hautefort.

Schirmherr auf Reisen: Gute Planung hat noch keinem geschadet und ist gerade bei dieser Tour dringend erforderlich.

Absolut absolutistisch

Zinnen und Pechnasen, Zugbrücken und Wehrtürme – so hat eine mittelalterliche Burg auszusehen. Da wird Lawrence enttäuscht gewesen sein, auch in **Jumilhac-le-Grand** 1. Schauen wir von der Mairie die breite Allee hinab aufs Château, so ist das erhebend, aber auf barocke Art. Die alte Festung, vor der Richard Löwenherz aufmarschierte, um sie seinem Kontrahenten Philipp II. zu entreißen, erlebte Umbauten und ist nun ein Prachtstück absolutistischer Ära – samt Lustgarten. Das animiert zu Theatralik, akustisch heraufzubeschwören durch Musik des einstigen Hofkomponisten Jean-Baptiste Lully. Dann mal Stöpsel ins Ohr und Pedale treten.

Am Schloss rechts raus Richtung Thiviers. Es wird ländlich und herrlich, zunächst auf der D 78, dann links in die D 79, in Le Bourg auf die D 67 und schließlich per D 77 zum nächsten Etappenziel.

Excideuil 2 ist nach rund 23 km erreicht. Vom Château, das noch Trakte der Löwenherz-Zeit bewahrt hat, kamen Donjon und Logis als schönste Baukörper in Privatbesitz und können nicht besichtigt werden. Dafür gibt es im Ort einige attraktive alte Häuser und (nach Schließung des legendären Kitsch Kafé) immer noch brauchbare Cafés und Restaurants für den Zwischenstopp.

Fulminante Filmkulisse

Auf geht es dann per D 67 durch Wälder ins 9 km entfernte **Tourtoirac** 3 mit Abteiruine und Tropfsteinhöhle, wo schließlich die D 5 nach **Hautefort** 4 (weitere 8 km) abzweigt. Das unübersehbare Gebäude über dem Ort ist die größte barocke Schlossanlage im Südwesten Frankreichs. Als hier noch das Mittelalter regierte, gab es den Burgherrn und Troubadour Bertran de Born, der gegen Richard Löwenherz paktierte, was ihm und seiner Burg nicht gut bekam. Gründlicher war allerdings der barocke Umbau von 1633 bis 1695, die Anlage eines

Einen »vue imprenable«, die »unverbaubare Fernsicht«, garantiert der Heißluftballon. Diesen Blick bietet **Escapade Montgolfière** 2 für Château Hautefort an, wo die Fahrt durch die Lüfte startet (Le Bichet, 19350 Juillac, T 06 83 43 36 01, www.montgolfiere.fr, ab 200 €).

Frischluft unter Eichenlaub und zum Gruß ein dreifach kräftiges Muh.

Landschaftsparks im 19. Jh. – und ein Brand 1968, der nur die Schlosskapelle verschonte. Was wir heute sehen, ist Ergebnis einer Nachschöpfung. Dort drehten Ariane Mnouchkine 1978 Teile ihres Films »Molière« und Albert Serra 2016 den »Tod von Ludwig XIV.«.

INFOS/ÖFFNUNGSZEITEN

Château de Jumilhac 1: chateaudejumilhac.com, Juni–Sept. tgl. 10–19, April/Mai, Okt.–Mitte Nov. 14–18, Mitte Nov.–Ende März Sa/So 14–18 Uhr, 10,50 €
Grotte de Tourtoirac 3: www.grotte-de-tourtoirac.fr, Juli/Aug. tgl. 9.30–19.30, Mai, Juni, Sept. 10–12.30, 14–18, April, Okt. 14–18, März, Nov. nur Sa/So 14–18 Uhr, 9,90 €
Château de Hautefort 4: www.chateau-hautefort.com, tgl. Juni–Aug. 9.30–19, April/Mai, Sept.–3. Nov. 10–18, Sa/So März 14–18 Uhr, übrige Jahreszeit geschl., 12,50 €

SCHLEMMEREI(SE)

In Jumilhac beginnt die Fahrt mit einem Mittagessen bei **Boueiradour** 1 vor dem Schloss (www.boueiradour.com | Menü mittags €, abends €€). Kaffee und hausgemachten Kuchen steuert **Gaillard Gourmand** 2 in Excideuil bei – und wird schon als neues Kitsch Café gehandelt (13, rue Jean-Jaurès, Mi, Sa/So geschl. | €). Zum Abschluss lockt einfache Kost im Restaurant am **Étang du Coucou** 3 – samt Blick auf Château Hautefort (T 09 55 33 32 99, Di mittags, Mi–Fr abends, Sa–Mo ganztags geöffnet | €).

DRAHTESEL IM STALL

Mietfahrräder bietet das Unternehmen **Ouibike** 1 mit Verleihstationen sowohl am Start in Jumilhac wie auch am Ziel in Hautefort. Zudem gibt es einen Lieferservice zum Wunschort (www.ouibike.net/departements-velo/dordogne).

Faltplan: F 1–3 | ca. 55 km lange **Radtour**

Mit Verstärker

Le Sans Réserve 1

In einem Musiksaal mit 500 Plätzen finden jährlich etwa 40 Konzerte elektronisch verstärkter Musik und einiges mehr statt.

192, rte. d'Angoulême, T 05 52 06 12 73, http://sans-reserve.org

Leinwandflimmern & Livemusik

CGR Cinémas 2

Mit immerhin zehn Sälen und fast 2000 Plätzen verdeutlicht das Haus, dass das Kino in Frankreich noch nicht so sehr leidet wie deutsche Betriebe. Die Konzertreihe »All that Jazz« bringt zudem Livemusik unters Dach.

Pl. Francheville, T 05 53 03 92 91, www.cgrcinemas.fr/perigueux

Sport & Aktivitäten

Teamsport für Nachtreter

Bubble Bump 1

Crash-Fußball ohne Verletzungsgefahr, bei dem die Spieler in einer aufblasbaren Kugel stecken.

D 2, Rte. d'Atur, Val d'Atur, 24750 Boulazac Isle Manoire, www.bubblebump.fr

Nimm mich mit, Kapitän …

AL Périgueux Canoë Kayak 2

La Voie Verte ist ein 30 km langer Freizeitweg entlang der Isle. Auf dem Wasser begleitet ihn La Voie Bleue. Mit dem Mietkanu kann man Schnupperstunden oder Tagestouren absolvieren.

Moulin de Ste-Claire, T 05 53 04 24 08, www.perigueuxcanoe.org, 12 €/Std.

INFOS

Office de Tourisme: 9bis, pl. du Coderc, 24000 Périgueux, T 05 53 53 10 63, www.tourisme-grandperigueux.fr, geführte Rundgänge zur Stadt im Mittelalter und in der Renaissance (je 6 €)
Züge: u. a. nach Limoges und über Libourne (Anschluss an TGV) nach Paris und Bordeaux

China an der Dordogne: Der exotische Blauregen klammert sich an ein altes Gemäuer.

Überlandbusse: Péribus, 22, cours Michel-Montaigne, T 05 53 53 30 37, Website c/o Office de Tourisme; u. a. nach Bergerac, Nontron, Limoges, Angoulême, Bordeaux
Taxi: Pl. Bugeaud und vor dem Bahnhof

TERMINE

Fête de la Fraise: 3. So im Mai, die Gemeinde Vergt (20 km südl.) serviert zu einem ausgelassenen Volksfest den größten Erdbeerkuchen der Welt
La Truffe d'Argent: Juli, jeden Do Wettstreit der Singer-Songwriter, für Jugendliche ab 13 Jahren
Macadam Jazz: Juli/Aug., jeweils Di Jazzkonzerte auf den Plätzen der Stadt, https://sans-reserve.org/macadam-jazz
Festival MNOP: Juli/Aug., Jazz, Blues, Gospel im Rahmen der »Musiques de la Nouvelle-Orléans à Périgueux«, www.mnop.fr
Mimos: Ende Juli/Anf. Aug., einwöchiges Pantomimenfestival mit Straßenperformances im Grenzbereich von Tanz, Musik, Lichtspiel und Plastik, www.mimos.fr

Beschwipste Früchte harren im Branntwein ihrer Bestimmung.

Salon du Livre Gourmand: Ende Nov., alle zwei Jahre (ungerade Jahreszahl) Kochbuchmesse, https://livregourmand.perigueux.fr

AUSFLUG VON PÉRIGUEUX

Eine Runde Kirchengeläut
Die Bischöfe von Périgueux hatten Lust auf Lustbarkeit und gönnten sich deshalb einen Sommerpalast abseits des Pilgerrummels. Ihr Château entstand ab dem 14. Jh. rund 10 km nördlich an einem Ort, der dann einfach den Namen **Château l'Évêque,** Schloss des Bischofs, erhielt (www.chateau-de-chateauleveque.com, Juli–Sept. Do–Di 13–19, April–Juni, Okt. So 13–19 Uhr, 10 €). Nun war die Gegend schon lange vorher kirchlich geprägt. Etwa 10 km westlich steht die **Prieuré de Merlande** mit schönen romanischen Kapitellen. Sie war abhängig von den Augustinern der **Abbaye de Chancelade** (alle drei 🕮 D 3), deren Park man auf dem Rückweg nach Périgueux besuchen kann, während die Gebäude inzwischen in Privatbesitz und nur noch teilweise zugänglich sind (www.abbaye-chancelade.com, Abteikirche, Kapelle St-Jean und Park tgl. 8.30–19 Uhr, Eintritt frei).

Mussidan 🕮 B/C 4

Als ›Tor zum Périgord‹ sieht und beschreibt sich Mussidan. Das ist geografisch korrekt, nur muss man ergänzen, dass der Ort am Fluss Isle nicht eben an der gängigen Einfallstraße liegt. Die Autobahn A 89 verläuft ein Stück südlich, und noch jenseits davon, entlang der Dordogne, hat sich der Hauptreiseverkehr etabliert. Schlösser und Herrenhäuser umgeben Mussidan und die Städtchen im Umkreis, doch reicht das offenkundig nicht, um am großen Kuchen des Tourismus teilzuhaben. Ein Besuch lohnt unter anderem, um mal Struktur- und Vermarktungsprobleme zu verstehen – und um das Spannende im Unscheinbaren zu entdecken.

Angelpunkt Bahnhof
Wenn die Tageszeitung »Ouest-France« ausnahmsweise über Mussidan schreibt, dann meist im Zusammenhang mit der recht erfolgreichen Rugby-Mannschaft. Im Ort leben nur etwa 700 Menschen – natürlich potenzielle Fans –, allerdings auf nur vier Quadratkilometern, so dass sich durchaus der Eindruck einer kleinen Stadt einstellt. Es existiert ein Bahnhof und im Vorort St-Médard-de-Mussidan eine Rue du 11 Juin 1944. Beide stehen im Kontext. Nachdem nämlich die Résistance einen Anschlag auf die Eisenbahn verübt hatte, erschoss die SS an jenem 11. Juni 1944, einen Tag nach dem Massaker von Oradour (▸ S. 20), den Bürgermeister und 51 weitere Bewohner des Ortes.

Abwehr-Spieler
Ein historischer Roman des schottischen Krimiautors Martin Walker, der im Périgord lebt, widmet sich dem Werdegang eines Mannes, der damals eine schillernde Rolle spielte: Alexandre Villaplane. Der gebürtige Algerier war Fußballspieler, bevor er als Anführer der ›SS Mohamed‹ Verbrechen an französischen Widerstandskämpfern beging, so auch in

Mussidan. 1944, kurz nach der Befreiung Frankreichs, wurde er dafür hingerichtet.

Der Arzt als Jäger und Sammler

Die Straßenverbindung von Spanien nach Georgien war der große Plan, in dessen Zuge auch die A 89 von Bordeaux nach Lyon innerhalb einer rund 40-jährigen Bauzeit entstand. Mit einer eigenen Anschlussstelle startete Mussidan ins 21. Jh., voller Hoffnung auf den Aufschwung. Ein Museum mit langem Namen, das **Musée des Arts et Traditions Populaires du Périgord du Docteur Voulgre,** wirkt wie ein Sinnbild dafür, dass es mit der Wiederbelebung als Industriezentrum noch nicht weit her ist. Namengeber André Voulgre, Arzt in Bordeaux, hatte zeitlebens sein Elternhaus in Mussidan als Lager für eine ungewöhnlich große Sammlung zu Volkskunst und Traditionen des Périgord genutzt. Technik und Alltag sind darin ebenso Themen wie Literatur und Kunst. 1971 vermachte Voulgre das Haus seiner Heimatstadt als Museum mit einer Ausstellungsfläche von mehr als 500 m². Seine seltsame Bedingung war, dass der lange Name erhalten bleibt. Er wirkt ebenso altbacken und provinziell wie das Haus selbst, aber die einzigartige Sammlung hat es in sich und lohnt alleine schon den Besuch des Ortes. Der umliegende Park dient heute als Stadtgarten.

1–2, rue Raoul Grassin, T 05 53 81 23 55, http://museevoulgre.fr, Juni–Sept. tgl. 9–12, 14–18, Okt.–Mai Mo–Fr 9–12, 14–17/18 Uhr, 5 €

Schlossherr auf Zeit

La Thuilière

Herrschaftlich große Zimmer, Garten, Bar, Pool und eine Atmosphäre fürs Seelenheil bestimmen den Aufenthalt in diesem Schlösschen, das 3 km nördlich am anderen Isle-Ufer liegt.

38, rte. Marcel Martin, St-Front-de-Pradoux, T 06 45 35 36 82, www.chateaulathuiliere.com, 3 Zimmer, 2 Suiten | DZ €€€, Menü €€

Zünftige Mahlzeit im Park

Auberge du Musée

Salate und Entengerichte treffen auf netten Service, rustikale Atmosphäre und moderate Preise. Es gibt sogar ein vegetarisches Menü.

6, rue R. Grassin, T 05 53 80 56 45, www.aubergedumusee.com, Mo/So abends und Sa ganztags geschl. | €

Kleine Bühne gegen Langeweile

Espace Aliénor d'Aquitaine

Der Multifunktionssaal, der das Unterhaltungsprogramm im Ort auf Niveau hält, bietet u. a. Theater, Konzerte und Tanz.

Pl. de la République, T 05 53 81 04 07

Infos

Office de Tourisme: 2, pl. de la République, 24400 Mussidan, T 05 53 81 73 87, www.tourisme-isleperigord.com
Bahn: nach Bordeaux, Périgueux und Limoges
Bus: über Ribérac nach Périgueux

In der Umgebung

Klosterfrauen-Käse

Schweigen, sehr viel Schweigen in strenger Klausur. Das Leben nach den Regeln der Trappistinnen hat seine Mühsal. In Frankreich sind es nur noch 15 Nonnenklöster, in denen die alten Gelübde befolgt werden, darunter die **Abbaye Notre-Dame de Bonne Espérance** in Echourgnac (🕮 B 3; 18 km nordwestl. von Mussidan, über D 38 zu erreichen). Klostereigene Töpferei und Käserei produzieren Gutes für den lokalen Markt. Interessierte Gäste dürfen, untergebracht in einem separaten Trakt, bis zu einer Woche am Klosterleben teilhaben – durchaus eine Rarität.

www.abbaye-echourgnac.org

Mühle und mehr

Ein gänzlich anderes Erlebnis bereitet die stillgelegte Mühle **Moulin du Duellas** im 12 km westlich von Mussidan gelegenen St-Martial-d'Artenset (🕮 B 4). Ausstellungen und Theaterdarbietungen verbinden sich mit Animation, Speiseangeboten und der Möglichkeit zu erholsamen Bootsfahrten.

T 05 53 82 39 54, www.moulin-duellas.fr

Périgord Pourpre

Waren bisher Dronne und Isle die ziemlich stillen Begleiter der Reise, so geht es nun an einen mächtigeren Fluss, die Dordogne. An ihrem Unterlauf fühlen sich die Anwohner gar schon als Küstenwacht, wenn sie ihr Weinbaugebiet zwischen Garonne und Dordogne als Entre-deux-Mers, zwischen zwei Meeren, bezeichnen. Bergerac befindet sich an der Schnittstelle von Weinland und Eichenwäldern und hat sich dort prächtig zur Drehscheibe des Handels entwickelt. Ringsum wachsen die purpurnen Trauben, die das ›Pourpre‹ rechtfertigen. Den Fluss aufwärts erleben die Handelsaktivitäten vergangener Jahrhunderte ihren Nachhall.

Bergerac 🕮 C 5

Auf eine Anhöhe und nicht allzu dicht ans Flussufer gesetzt – Bergerac und seine 26 823 Einwohner halten Abstand zur überschwappenden Dordogne, auch wenn deshalb die Ware einst mühselig vom und zum Hafen geschleppt werden musste. Heute, da die Lastkähne und alles Treiben um sie herum verschwunden sind, ergibt sich vom Ancien Pont, der alten Brücke, ein fast sinnleeres Bild. Die Altstadt liegt zurückgezogen, man muss sie erst einmal entdecken, findet dann aber schnell Gefallen am Flair des weinseligen Ortes.

WAS TUN IN BERGERAC?

Von Langnasen, Brüdern, Winzern

130 Höhenmeter liegen zwischen höchstem und tiefstem Punkt der Stadt, man glaubt es kaum, spürt beim Bummel aber allemal das leichte Ziehen in den Beinen. Das wohl schönste optische Spiel mit dem Gefälle bietet die **Place Pélissière** 1, wo man von der Kirche St-Jacques, vorbei an der Statue des Cyrano (▸ S. 52), hinunter zu Restaurants steigt. Die sind eher klassische Touristenfallen als kulinarische Entdeckungen – bedauerlich angesichts der attraktiven Hausfassaden ringsum. Der dortigen Weite steht die intime **Place de la Mirpe** 2 mit einem zweiten Cyrano unter Baumkronen und mit betagtem Fachwerk gegenüber. »Temple Protestant« ist über dem Portal des Eckhauses zu lesen, auf das dieser Cyrano schaut. Aber der mächtige Gebäudekomplex aus der Ära Ludwigs XIII. war entstanden, um nach den Religionskriegen den Katholizismus in die Stadt zurückzuholen. Die entsprechende Aufgabe hatte ein Rekollekten-Orden mit strenger Observanz, der hier im **Cloître des Récollets** 3 weilte. Die Bruderschaft, die lange nach Ausbruch der Revolution dort ihr Domizil namens **Maison des Vins de Bergerac** finden sollte, hat sich hingegen dem Wein verschrieben (1, rue des Récollets, T 05 53 63 57 57, www.vins-bergeracduras.fr, Di–Sa 10–13, 14–19 Uhr; s. S. 56).

MUSEEN, DIE LOHNEN

Auf ein Glas …

Musée Costi 4

Verwirrung stiftet Bergerac mit der Nomenklatur seiner Museen. Die Maison des Vins im Rekollekten-Kloster bereitet Weinkunde auch museal auf, ist aber nicht das Weinmuseum der Stadt. Das vielmehr, auf der anderen Seite der Place de la Mirpe gelegen, trug ehedem den Namen Musée du Vin et de la Batellerie, wurde aber umgebaut und erweitert zum Musée Costi samt Kulturzentrum Dordonha, das aber weiterhin Weingeschichte, Böttcherei und Flussschifffahrt beleuchtet. Nur sind wichtige Aspekte hinzugekommen, darunter der Brückenbau seit dem Mittelalter und das Leben im Umland.

1, rue de la Mission, T 05 53 63 04 13, www.bergerac.fr/directory/dordonha, Juli/Aug. Di–Fr 10–18, Sa/So 12–18, Mai/Juni, Sept. Di–Fr 10–18, Sa/So 14–18, Okt.–April Mi–Fr 10–17.30, Sa/1. So im Monat 14–17.30 Uhr, Eintritt frei

Auf eine Zigarette …

Musée du Tabac 5

Warum, seit wann und mit welchem Gewinn oder Verlust es raucht, erläutert das Musée du Tabac in vier Sälen eines Patrizierhauses aus dem frühen 17. Jh.

10, rue de l'Ancien Pont, T 05 53 63 04 13, www.bergerac.fr/directory/musee-du-tabac, Juni–Sept. Di–Fr 10–12, 14–18, Sa/So 14–18, sonst Mi–Fr 10–12, 14–17.30, Sa/1. So im Monat 14–17.30 Uhr, 5 €

SCHLEMMEN, SHOPPEN, SCHLAFEN

In fremden Betten

Verwunschen …

Le Colombier de Cyrano et Roxane 1

Haus aus dem 16. Jh. mit Parkett und Kamin in den drei Zimmern. Ist die

Auf ein spätes Glas unterwegs im Weinviertel von Bergerac. Und auf der Tafel gibt's die leckeren Begleiter dazu. ›Bon appétit!‹

Adresse ausgebucht, so steht als Ausweichquartier gleich nebenan die nicht ganz so charmante La Bonbonnière (http://la-bonbonniere.hotels-aquitaine.com) zu etwas günstigeren Preisen bereit.

17, rue du Grand Moulin, T 06 08 05 69 39, www.lecolombierdecyrano.com | €€€

… verzaubert
Ostal de Pombonne 2

Park und Pool gehören zum Haus, das möglicherweise mal eine Priorei und auf jeden Fall eine Herberge für Jakobspilger war. Sehr ruhige Lage.

19, rue du Bourg de Pombonne, T 06 83 24 79 68, www.ostaldepombonne.fr, 4 Zi. | €€

SCHÖNER SCHLAFEN

Das wirksamste Mittel, sich den Aufenthalt in Bergerac zu verderben? Ganz einfach: Sie steuern auf die Parkplätze an der Place Gambetta zu und wählen eines der unpersönlichen Hotels, über die man hier stolpert. Deswegen: Lieber auf die Tipps hier verlassen.

Für Nomaden
Tamana Tuquet 3

Als »Éco-Camping à la Ferme« bezeichnet sich das sehr eigenwillige Zeltdorf, aufgeschlagen auf einem Weingut am Stadtrand. Was so spartanisch klingt, erweist sich als naturnahe Herberge (fast) unter freiem Himmel in gemütlich eingerichteten Saharazelten, vor denen sich eine große Terrasse ausbreitet.

Château du Tuquet, D 709 in Richtung Norden, T 06 38 26 96 29, auf booking.com etc., Mai–Okt. | €

Satt & glücklich

Die Adresse gegenüber
Le Bistrot d'en Face 1

In Köln wäre es die Schäl Sick, also die falsche Rheinseite, die aber den Vorteil hat, dass man von dort das Panorama der Stadt genießt. Die Adresse *en face*, also gleich gegenüber, beschert auch in Bergerac schöne Ausblicke, hier verbunden mit einfallsreichen und lecker zubereiteten Kreationen aus der Küche des Périgord.

1, rue Fenelon, Vieux Pont, T 05 53 61 34 06, auf Facebook, Mo, Do 9–18, Di/Mi 9–19, Fr 9–20, Sa 9–22 Uhr | €€

Cyrano enttarnt – Bergerac und die falsche Nase

Im Oktober 1977 hatte die Rockgruppe »Police« einen Gig im Pariser Nashville Club. Ein Poster im Hotel zu Edmond Rostands Drama »Cyrano de Bergerac« erinnerte Frontmann Sting an die Protagonistin Roxane. Sein Song dazu erkletterte die Hall of Fame und machte aus dem braven Mädchen eine Hure. Das Vexierspiel passt wie die Faust auf Cyranos Nase.

Mit Wein, Stopfleber und Souvenirs führt so mancher Laden in der Altstadt ein unauffälliges Sortiment, wäre da nicht der **Meilleur Pécharmant,** ein Qualitätswein von Château Corbiac, das seit 1587 Weinwissen vom Vater an den Sohn weitergibt. Le Meilleur, ›der Beste‹, putzt die Auslagen der Geschäfte ganz ungemein, insbesondere durch das aufgedruckte Profil des Cyrano. Nur sollte man nicht dem Etikettenschwindel erliegen. Eine Maison de Cyrano, die Geburtshaus des Nasenmannes wäre, gibt es nicht.

▶ IM FILM

Gérard Depardieu, der 1990 im Film den Cyrano spielte, spricht 2002 in der Asterix-Verfilmung »Mission Kleopatra« jenen berühmten Satz, der eigentlich Cyranos Nase mit einer Halbinsel verglich. In diesem Fall geht es allerdings um die angeblich so betörende Nase der Kleopatra. Um den Widerspruch aufzuheben, fährt die Kamera immer näher an Depardieus Gesicht.

Bronzener Bergeracois ... etwa nicht?

Vis-à-vis, an der **Place Pélissière** 1, kommt es noch dicker. Dort reckt, umrahmt von Restaurants, eine Statue ihre Nase den Kameras entgegen. Unweigerlich meldet sich das berühmte Zitat: »Das ist ein Fels! Ein Gipfel! Ein Kap! Ein Kap, was sage ich? Es ist eine Halbinsel!« *Mon dieu,* genau das ist diese Kunstnase nicht. Ein Tourist aus Florenz dürfte anmelden, dass sein fiktiver Landsmann Pinocchio den größeren Zinken hatte. Offenkundig ist der Cyrano hier in Bergerac geschönt, was nicht bedeutet, dass er einhellige Zustimmung fände. Von nett bis kitschig, von renovierungsbedürftig bis lächerlich reichen die Befunde, und doch macht jeder brav sein Foto. Denn wir sind ja am Geburts- oder Wohnort des Cyrano. Etwa nicht? Die Plakette an der Statue hält sich in der Frage bedeckt, nennt den Künstler Mauro Corda und vermerkt, dass bei der Einweihung am 2. Juli 2005 auch Bergeracs Schau-

Der Cyrano von Mauro Corda führt seine Gäste an der Nase herum.

spielgröße Hélène Duc anwesend war. Den Cyrano muss man so hinnehmen, wie er ist, auch in seiner Ausführung als bemalte Bronze. Wenn ausgerechnet Mauro Corda den Zuschlag erhielt – er ist auch bekannt für Interpretationen von Superman und Wonder Woman –, dann darf man eine humorige Intention unterstellen.

Außer Nasen nichts gewesen

Nun hat Bergerac damit nicht zum ersten Mal ›cyraniert‹. Schon seit 1977 steht an der **Place de la Mirpe** 2 ein Marmor-Cyrano des Künstlers Jean Varoqueaux. Auch hier kein Wort zum Kontext. Die Wahrheit ist: Autor Rostand hat für sein verwickeltes Drama um den Dichter mit der Riesenknolle einen Kollegen aus dem Norden zum Vorbild genommen. Der Vater dieses Hector Savinien de Cyrano (1619–1655) besaß bei Paris ein Anwesen, das er einer Familie de Bergerac abgekauft hatte. Das Leben des historischen Cyrano hatte seine spannend-skurrilen Seiten, die ihn als Romanfigur tauglich machten. So war er Verfasser zweier Bücher über Reisen zum Mond und zur Sonne, die als SciFi-Frühchen durchgehen können. Nur mit Bergerac hatte er weder was am Hut noch an der Nase.

VERSÜNDIGT EUCH

Das reinste Teufelszeug kommt aus einem Hause, das sich schon im Namen die »Sünden des Cyrano« auf die Fahnen schreibt: **Aux Pêchés de Cyrano** 4. Von der Thementorte zum Macaron, vom Schwarzwälder Kirsch zum Schoko-Highheel reichen die Leckereien von Bruno und Sylvie Jeandel (73, av. Charles de Gaulle, www.auxpechesdecyrano.fr, Di geschl.).

Faltplan: C5 | **Cityplan:** S. 54

BERGERAC

Sehenswert
1 Place Pélissière
2 Place de la Mirpe
3 Cloître des Récollets
4 Musée Costi
5 Musée du Tabac

In fremden Betten
1 Le Colombier …
2 Ostal de Pombonne
3 Tamana Tuquet

Satt & glücklich
1 Le Bistrot d'en Face
2 Le Kristo
3 La Cocotte des Halles
4 Aux Pêchés de Cyrano

Stöbern & entdecken
1 Marché Couvert
2 L'Art et le Vin

Wenn die Nacht beginnt
1 Bellevue
2 Rocksane

Sport & Aktivitäten
1 Les Gabarres de Bergerac

Orientalische Oase
Le Kristo 2

In diesem armenischen Restaurant freut sich fast jeder Gast über eine Verschnaufpause zwischen den ungezählten Entenbrüsten. Der herzliche Empfang ist neben den ausgezeichneten orientalischen Aromen besonders hervorzuheben.

23, bd. Beausoleil, T 06 01 08 80 44, https://restaurant-le-kristo.jimdosite.com, So/Mo geschl. | €€

Kurze Wege am Mittag
La Cocotte des Halles 3

Drei täglich wechselnde Vor- sowie drei Haupt- und drei Nachspeisen sind auf die Tafel geschrieben und frei kombinierbar. Die Zutaten stammen gleich von nebenan: Die Kantine ist in den Markthallen.

Place du Marché Couvert, T 05 53 24 10 00, auf Facebook, Di–Sa 8–16 Uhr | €

Stöbern & entdecken

Im Schutz der Dächer
Marché Couvert 1

Fisch und Fleisch werden auf Frankreichs Märkten zumeist in Hallen verkauft, so auch in der alten Markthalle von Bergerac. Im Außenbereich gibt es Gemüse und Obst.

Pl. du Marché Couvert, Mi und Sa

Wein zur Gans
L'Art et le Vin 2

Eher als Oberbekleidung und Schuhe prägen Wein und Feinkost das Shopping-Erlebnis in Bergerac. Vom Markt abgesehen, hat die Neustadt, insbesondere die Rue Ste-Cathérine, auch auf diesem Sektor mehr zu bieten als das historische Zentrum. Wein bleibt allerdings in der Altstadt verankert, etwa im L'Art et le Vin.

17, Grand Rue, www.artetvin-bergerac.fr, Mo–Fr 9.30–12.30, 14–19 Uhr

Wenn die Nacht beginnt

Flüssiges am Fluss

Bellevue 1

Einen Happen essen, aufs Wasser schauen, Musik hören – mehr braucht die Jugend nicht, um hier am Ufer der Dordogne bis zu vorgerückter Stunde zu entspannen. Nur ältere Gäste finden schwer in den Rhythmus.

12, quai Salvette, T 05 53 73 86 94, www.restaurant-bellevue-bergerac.fr | €€

Alles geht, nichts muss
Rocksane 2

In einer echten Großstadt würden Rock und Reggae, Jazz und Ska wahrscheinlich nicht unter ein Dach passen und der Laden an seiner undefinierten Ausrichtung kranken. In Bergerac funktioniert das gestreute Konzept seit 2003.

14b, rue du Prof. Pozzi, T 05 53 63 03 70, https://rocksane.com

Sport & Aktivitäten

In lieber Erinnerung
Les Gabarres de Bergerac 1

Sehr stadtnah liegen an der Dordogne Brutgebiete von Wasservögeln, die man bei einer 50 Min. langen Fahrt mit dem historischen Boot erkundet. Die Boote sind die letzten Zeugen des alten Hafens.

Quai Salvette, T 05 53 24 58 80, www.gabarresdebergerac.fr, April–Okt. tgl. 10/11–17/18 Uhr, ab 11 €

INFOS

Office de Tourisme: 97, rue Neuve d'Argenson, 24100 Bergerac, www.pays-bergerac-tourisme.com/fr
Flug: Aéroport Bergerac Dordogne Périgord, Rte. d'Agen, T 05 53 22 25 25, www.bergerac.aeroport.fr; u. a. nach Charleroi/Belgien mit RyanAir
Bahn: u. a. nach Bordeaux, Sarlat und (mit Umsteigen in Le Buisson) Périgueux
Busse: u. a. nach Périgueux und Bordeaux, zudem Stadtbusse und Verbindungen ins Umland

TERMINE

Festival Jazz Pourpre: zweiwöchiges Jazz- und Weinfestival im Mai, in das

Appellation im Untergrund – **Wein-Exot Rosette**

›Vitis biturica‹ hieß das Pflänzchen, das vor rund 2000 Jahren eine Revolution einleitete. Es war eine importierte Rebe, mit der die Römer den Weinbau in ihrer jungen Provinz Aquitanien etablierten. Mit den Jahrhunderten hat sich die Pioniersorte aufgefächert. Ergebnis des Kelterns sind auch Mauerblümchen wie Le Rosette. Sie munden, ohne jemals wirtschaftlich zu zünden.

▶ LESESTOFF

Texter Benoist Simmat und Zeichner Philippe Bercovici wagten 2010 die große Attacke gegen Weinpapst Robert Parker und widmeten ihm einen Anti-Guide namens **Les Sept Pêchés Capiteux**. Zu Parkers **Sieben Hauptsünden** (bewusst nicht Todsünden genannt) zählen sie auch seine Abrechnung mit dem Rosette.

12 000 ha und 900 Weinbauern im Bergeracois – das beeindruckt, bleibt aber deutlich hinter dem Bordelais zurück. Zur besseren Vermarktung hat sich die Winzerschaft von Bergerac 2014 mit Duras verbündet, das im Südwesten anschließt. Duras ist reinsortig, die diversen Bergeracs hingegen sind Cuvées. Die Weißen werden überwiegend aus Muscadelle, Sauvignon-Blanc und Sémillon verschnitten, die Roten aus Cabernet-Sauvignon, Cabernet-Franc und Merlot. Als gelungenste rote Kreation gilt der Pécharmant, während unter den Weißweinen der süße Monbazillac (▶ S. 58) herausragt.

Ein Dessertwein braucht Güte … und gütige Genießer. Denn oft sind süße Weine verpönt – zu Recht, wenn sie nichts taugen, nur trifft das hier nicht zu.

Wein aus Liliput

Was es auf sich hat mit all den Begriffen und Appellationen, präsentiert die **Maison des Vins** 1 in Bergerac per Sprache, Objekten und Probierschlückchen. Wer auf der Karte das nördlich der Stadt gelegene Pécharmant-Gebiet entdeckt hat, ist schon auf dem besten Weg zur Heimat der Appellation Rosette. Ein winziges Fleckchen, auf nur 25 ha wird Rosette produziert. Man spricht von jährlich gerade mal 400 hl, knapp über 50 000 Flaschen. Eine Rarität also, die aber schon um die 10 € erhältlich ist – freilich nur vor Ort oder im Netz.

Schicksalsschläge

Château du Rooy 1 liegt auf Stadtgebiet mit der Adresse Lieu-dit Rosette. 1998 ließ sich dort Gilles Gérault als junger Winzer nieder, um eine alte Tradition aufleben zu lassen. Denn diesem »Ort, den man Rosette nennt«, verdankt die 1946 klassifizierte Appellation d'origine contrôlée (kontrollierte Herkunftsbezeichnung) ihren Namen – übrigens nicht zu verwechseln mit der roten Rebsorte Rosette. Gérault war quasi Spätankömmling. Nachdem die AOC Rosette schon in Vergessenheit geraten war, entdeckten Repatriierte aus Nordafrika die Qualität in den 1960er-Jahren neu. Zu dieser Zeit war es Mode unter Studenten, sich mit dem heute kaum bezahlbaren Sauternes ihre Feten zu versüßen. Weil dazu Ströme weißer Dessertweine flossen, hatten auch Verwandte des Sauternes, etwa Monbazillac oder Barsac, ihre Chancen. Der edelsüße Rosette passte glänzend in die Linie. Doch dann machten Gerüchte um Zuckerzusätze die Runde, bis am Ende der Griff zum Trockenen neue Mode wurde. Wobei man ergänzen sollte, dass in Deutschland Weine anstandslos als trocken konsumiert werden, die deutlich Richtung lieblich marschieren.

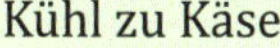

Kühl zu Käse

Ein guter Rosette, aus weißen, zur Edelfäule gelangten Trauben verschnitten, erreicht einen Alkoholgehalt bis 15 %, hat eine Restsüße bis 51 g/l, wird jung und bei acht bis zehn Grad getrunken und besitzt ein Bouquet aus Geißblatt, Akazienblüte, Pfirsich, Zitrus und exotischen Früchten. Damit gilt er als tadelloser Begleiter zu Blauschimmelkäse, Steinpilzen und Trüffeln.

Die Jahresproduktion des Rosette sinkt, nur noch zehn Weingüter nehmen sich des Exoten an: **Rooy** 1 & **Domaine du Lac** 2 in Ginestet, **Peyrel** 3, **Montplaisir** 4, **Combrillac** 5 & **Coutancie** 6 in Prigonrieux, **Clos l'Envège** 7 in Monbazillac, **Haut Pécharmant** 8 in Bergerac, **Vieille Bergerie** 9 & **Grand Jaure** 10 in Lembras (www.chateau-du-rooy.com; domainedulac@orange.fr; http://chateaudepeyrel.com/en; www.chateau-montplaisir.com; www.combrillac.fr; domaine-de-coutancie.com; www.julien-de-savignac.com; www.haut-pecharmant.fr; www.vieille-bergerie.fr; www.domainedugrandjaure.com).

INFOS/ÖFFNUNGSZEITEN

Maison des Vins (Cloître des Récollets, ► S. 50) 1: Sie können dort Rosette probieren/kaufen oder Termine für einen Besuch der Weingüter machen.

MIT VERDAUUNGSSPAZIERGANG

Leider ein paar Schritte vom Ufer entfernt: **Le Batelier** 1 in Prigonrieux (18, rue de la Résistance, T 05 53 57 76 32, So–Mi abends geschl. | €). Joceline Réault hat aus ihrer Heimat Mauritius Musik und Currygerichte importiert. Ihr Mann Freddy ergänzt lokale Spezialitäten.

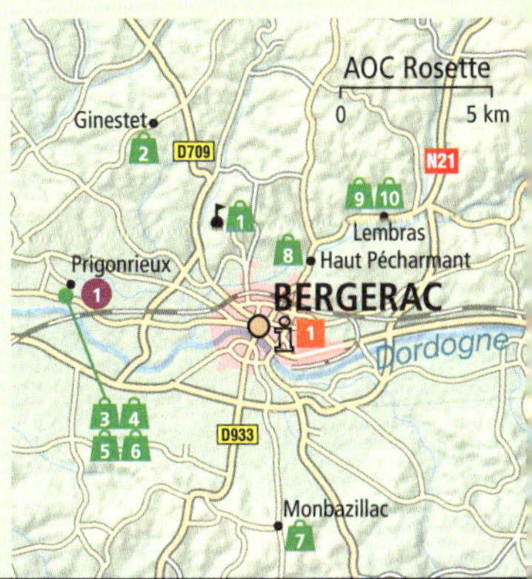

Faltplan: C 5

auch immer mehr Orte in der Umgebung eingebunden werden. www.jazzpourpre.com

L'Été musical en Bergerac: Mitte Juli–Anfang Sept. in und um Bergerac. Seit 1988 werden Konzerte mit hochrangigen internationalen Musikern an diversen historischen Orten organisiert. www.festivalbergerac.com

Mercredis du Jazz: im August mittwochs Jazzkonzerte im Cloître des Récollets und auf der Pl. Pélissière

Foire aux vins de Bergerac: Ende Aug./Anfang Sept., alle zwei Jahre (gerade Jahreszahlen) Weinmesse

AUSFLÜGE VON BERGERAC

Zeitreise durchs Weinland

Das Runddorf ist eine typische Siedlungsform des Mittelalters und das 20 km südlich gelegene **Issigeac** (🕮 D 6), schon im 6. Jh. gegründet, ein architektonisch beeindruckendes Beispiel dafür – auch wenn nur die Straßenverläufe und nicht die Häuser selbst ein so hohes Alter besitzen. Ganz anders präsentiert sich **Eymet** (🕮 C 6), dessen Gründungsjahr auf 1270 festgelegt werden kann. Der von Arkaden und Fachwerk gesäumte Platz mit Brunnen im Zentrum ist das klassische Indiz für eine Bastide aus der Ära englisch-französischer Machtkämpfe. Eymet war fast durchgehend französisch, aber die Schönheit des Ortes führte am Ende zu friedlicher Landnahme durch Briten: Am Immobilienmarkt sind sie häufig die Sieger. Während sich die Festung von Eymet als bescheidene Wehranlage neben die Kirche duckt, ist **Château de Bridoire** in Ribagnac (🕮 C 5) ab dem 16. Jh. aus dem mittelalterlichen Korsett herausgewachsen und nun ein bildhübsches Schlösschen für Romantiker (www.chateaudebridoire.com, Juli/Aug. tgl. 10–19, April–Juni, Sept./Okt. Mi, Sa/So 14–18 Uhr, 11,50 €). Das etwa gleich alte und schöne Schloss in **Monbazillac** (🕮 C 5) kann mithalten (www.chateau-monbazillac.com), sieht sich aber eher einer anderen Sache verpflichtet: dem Wein. Monbazillac, ein weißer Süßwein (Blanc Moëlleux), war der historische Exportschlager aus dem Anbaugebiet Bergerac. Nur wer auf berauschende Mengen statt einem Gläschen bedacht ist und diesen Wein zur unpassenden

Die Bewohner der Bastide Eymet ziehen gern Leine. Auf dem zentralen Platz spannen sich Girlanden zu den Häusern.

Speise trinkt, rümpft die Nase. Das an sich hochklassige Genussmittel verdankt sein Dasein keinem Zuckerzusatz, sondern der Edelfäule, hervorgerufen durch einen Pilz, der im Herbst unter dem Einfluss von Morgennebel und Sonnenlicht gedeiht.

Lalinde D 5

Lange Zeit galt es als ausgemachte Sache, dass ein Jean de la Linde als Gesandter des Königs von England Namengeber der 1267 gegründeten ersten englischen Bastide war. Die aktuelle Version lautet, dass das flämische und für uns Deutsche leicht zu deutende Wort ›lynde‹ Pate stand. Die Intimität und eigentümliche Atmosphäre anderer Bastiden will sich in Lalinde nicht entfalten, vielmehr regieren Autoverkehr und die Betriebsamkeit einer letztlich provinziellen Kleinstadt (3000 Einwohner). Und doch, man kann dem Ort und seiner Umgebung allerlei nette Seiten abgewinnen.

Das verlorene Zentrum

Sehr überschaubar sind die Spuren der Vergangenheit. Es existiert das alte Schachbrettmuster der Straßen um eine zentrale **Markthalle** (Do Wochenmarkt), es gibt eine Esplanade zu dem Ort am Ufer, wo einst das Château stand, es finden sich noch **Reste der romanischen Stadtmauer.** Aber die meisten Gebäude sind nur ein schwaches Echo dessen, was einst Opfer des Hundertjährigen Krieges wurde. Lange danach bezog Lalinde seine Schlüsselposition im Flusshandel aus einer Laune der Natur. Sie ging als Drache namens Coulobre in die Fabelwelt ein und bestand im richtigen Leben aus den gefährlichen Stromschnellen **Saut de la Gratusse.** Die Bootsleute trafen in Lalinde noch rasch alle Vorkehrungen einschließlich eines Stoßgebets in der **Chapelle St-Front-de-Colubry,** bevor sie sich an die Weiterreise wagten.

Um den Kanalfahrern den Abstieg in die 22 m tiefer gelegene Dordogne zu ermöglichen, wurde die Schleusentreppe von Tuilières gebaut.

Radeln am rechten Seitenkanal

Verlässlicher als der Beistand St-Fronts war der Bau eines 15 km langen Kanals zur Umgehung der Gefahrenstellen. Seit Fertigstellung 1844 florierte dank dieser Bypass-Lösung der Flusshandel mit Holz, Käse, Meersalz, Trockenfisch, Kohle und Wein, ab 1926 ließ sich die Ware schneller mit der Bahn transportieren. Geblieben ist eine allmählich verlandende Wasserstraße, der man ab Lalinde zu Fuß oder mit dem Fahrrad folgen kann, um idyllische Natur und einige Zeugen der Industrialisierung im 19. Jh. zu erleben. In Couze-et-Saint-Front etwa sind die drei betagten Papiermühlen **Moulin de Larroque** (T 05 53 61 01 75, Mo–Fr 9–12, 14–17 Uhr; Papierwaren im Verkaufsraum), **Moulin de la Rouzique** (Éco-Musée du Papier, T 05 53 24 36 16, moulin-rouzique.com, Juli/Aug. tgl. 10.30–18, April–Juni, Sept./Okt. So–Fr 14–18 Uhr, 9,50 €) und **Moulin sous le Roc** noch bzw. wieder in Betrieb oder werden museal genutzt. Weiter westlich, an der Einmündung des Kanals in die Dordogne, meistert die Schleusentreppe **Écluses des Tuilières** einen Höhenunterschied von 22 m und begeistert ganz nebenbei mit einem Anblick, der an einen

Was mäanderst du, Fluss? – **Die Cingles von Trémolat und Limeuil**

›Büyük Menderes‹ heißt der türkische Namensgeber: Großer Mäander. Ein Fluss mit vielen Schleifen. Physiker erklären das Phänomen des Mäanderns leider so, dass Laien nur noch Bahnhof verstehen. Begnügen wir uns damit, dass fließendes Wasser durch Hindernisse am Flussboden zu einem Ping-Pong animiert wird, das am Unterlauf immer weiter ausschwingt – bis es zum Durchbruch kommt und die Schleife stirbt.

Cingle nennt man sie in Frankreich. Die erste Schleife von nennenswertem Ausmaß ist der **Cingle de Montfort** (▶ S. 81) südlich von Sarlat. Weiter flussabwärts folgen zwei echte Prachtkerle, die ab Einmündung der Vézère so richtig kräftig ausholen.

Garten der Lüste

Was nutzt es, wenn man die Vézère, aber nicht die Dordogne queren kann? Oder umgekehrt? Ende des 19. Jh. erhielt Limeuil freie Fahrt zu anderen Ufern durch zwei rechtwinklig zueinander stehende Brücken über die beiden Flüsse. Der kleine Fähranleger **Port de Limeuil** 1 hatte damit ausgedient, dafür war mit den *ponts* ein neues Postkartenmotiv entstanden, das sich von der Terrasse des **À l'Ancre de Salut** ❶ bestaunen lässt. In dieser heutigen Brasserie hielten sich früher die Bootsleute auf. Gleich neben dem Haus steigt eine von Kunstgewerbeläden gesäumte Gasse den Hang hinauf. Darüber thront ein verfallenes Schloss mit umliegenden Gärten, die seit ihrer Restaurierung **Jardins panoramiques** 2 heißen. Der Gang hinauf, der in der Sommerhitze beschwerlich sein kann, lohnt nur zu den Öffnungszeiten. Denn den unverbauten Blick auf einen Teil des 9 km langen **Cingle de Limeuil** 3 hat man wirklich nur von der Aussichtsterrasse des 1 ha großen Gartens, in dem Färber-, Kräuter- und Wasserpflanzen auf jeweils eigenen Parzellen gedeihen. Dass man von der **Route des Cingles** 4 (D 31) nach Trémolat eine vergleichbare Sicht hät-

Um Handelswege zu verkürzen, wurden einige stark mäandrierende Flüsse begradigt. Ein Beispiel ist der Rhein, an dem somit auch tote Arme verblieben. Ergebnis einer Begradigung sind Hochwassergefahr und ein sinkender Grundwasserspiegel mit Auswirkungen auf die Landwirtschaft und die Gesundheit des Waldes. Der Dordogne blieb dies erspart.

te, ist eher Gerücht, denn »wo immer die Welt am schönsten war, da war sie an privat verkauft«. Für die Sicht über den gesamten Cingle ist aber nur ein himmlischer Standort hoch genug.

Zum Bersten gekringelt

In Trémolat scheint die Suche zunächst ähnlich erfolglos zu verlaufen, aber es existiert eine D 30 E Richtung Mauzac und dort nach 2 km eine wuchtige *ferme-auberge,* die bessere Zeiten gesehen hat. Damals, zu diesen besseren Zeiten, waren auch Bäume und Büsche noch nicht ins Panorama gewachsen, sonst wäre kein Aussichtspunkt auf den spektakulären **Cingle de Trémolat** 5 vermerkt. Anwohner aber wissen, dass der Pfad, der rechts durchs Wäldchen führt, nach fünf Minuten in eine Kletterstelle mündet, die Schwindelfreiheit und ein wenig Gelenkigkeit erfordert. Und dann ist der Blick frei auf *»l'une des merveilles du monde«,* »eines der Weltwunder«, wie der Schriftsteller André Maurois schrieb. Wenn Sie sich auf der Rückfahrt noch an einem zweiten Fernblick erfreuen möchten, dann wäre das die Sicht auf die beiden Dordogne-Brücken von Trémolat.

INFOS/ÖFFNUNGSZEITEN

Jardins panoramiques 2: http://jardins-panoramiques-limeuil.com, Juli/Aug. tgl. 10–20, Juni/Sept. tgl. 10–18.30, Mai tgl. 10–18, April, Okt.–Anf. Nov. So–Fr 10–18 Uhr, 9,50 €

GENUSS AM FLUSS

Im **Ancre de Salut** 1 (Rue du Port, T 05 53 63 39 29, https://ancredesalut.com | €) in Limeuil warten neben dem schönen Blick auf beide Flüsse u. a. leckere *galettes.* Teuer, aber seinen Preis wert ist die Mahlzeit im **Vieux Logis** 2 in Trémolat (T 05 53 22 80 06, www.vieux-logis.com | €€€). Wer Preis, gediegene Atmosphäre oder die verdächtig kreativen Speisen scheut, kann im Sommer auf das **Bistrot de la Place** 3 gegenüber ausweichen, das unter identischer Leitung und Sorgfalt günstigere Menüs anbietet (€€).

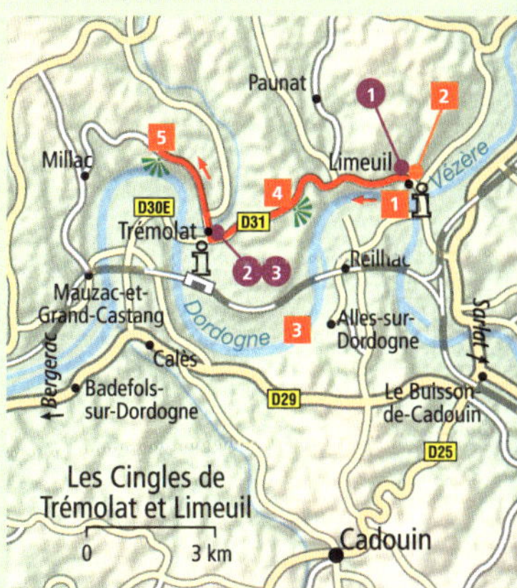

Faltplan: D/E 5 | Trémolat liegt an der **Bahnlinie** Sarlat – Bergerac.

Setzen starke Akzente in die Landschaft, die ›Cingles‹ – Flussschleifen, die blieben, weil die Wasserläufe in der Dordogne nie begradigt wurden.

gestuften Wassergarten erinnert. Die Staumauer des nahe gelegenen, 1909 fertiggestellten Kraftwerks in der Nähe behinderte den Zug der Fische zu ihren Laichplätzen. Seit 1989 schafft der Fischlift **Ascenseur de poissons** Abhilfe.

Ein Traum von einem Haus
Les Magnolias

Es ist die leider nicht ganz billige Adresse, mit der ein Aufenthalt in Lalinde erst zum Erlebnis wird. Umgeben von einem Park mit Magnolien, Zedern und Eichen, liegt das Haus aus dem 18. Jh. direkt am Ufer der Dordogne. Wellness-Angebote, Pool.

Port de Lalinde, T 05 53 24 84 31, www.lesmagnolias-perigord.com, 4 Zimmer und 1 Suite, Okt.–April geschl. | €€€

Für angehende Königskinder
Château de Lanquais

Im Louvre wohnen? Fast. Das Renaissance-Schloss mit mittelalterlichem Burgtrakt wird in dieser Ecke als »unvollendeter Louvre des Périgord« bezeichnet und als solcher gerne von Sommertouristen besucht (Juli/Aug. tgl. 10–19, April–Juni, Sept. Mi–Mo 14/14.30–18 Uhr, 9 €). Dass man im Château auch wohnen kann, und zwar überaus herrschaftlich, gelangt nur wenigen Gästen ins Bewusstsein.

24150 Lanquais, T 07 48 17 17 47, http://chateaudelanquais.fr, Okt.–März geschl., 5 Zimmer | €€€

Verwöhnt im Wald
Chez Jacquou le Gourmand

Schnell und billig soll es heute für viele Konsumenten sein, das drückt in Lalinde auf die Qualität der Restaurants. Es lohnt die Ausfahrt aufs Land, wo diese Ferme-Auberge mit bester regionaler Küche vertraut macht. Ihr Name ist von einem Romanhelden inspiriert (▸ S. 95).

Virolle, 24150 Cause-de-Clérans, T 05 53 61 16 63, https://ferme-auberge.wixsite.com/jacquou-le-gourmand, So abends und Do geschl. | €€ (mit Wein)

Mein schöner Garten
Aux Milles Choses

Man kann sie schwerlich mitnehmen, die alten Gartentore, aber der Besuch des Geschäfts lohnt, um einfach mal zu staunen, was so alles noch käuflich zu erwerben ist. Ansonsten erhält man hier auch handlichere Dekoware für den Garten.

52, route de Bergerac, 24150 St-Capraise-de-Lalinde, T 06 08 64 84 01, https://aux-mille-choses.business.site, nur nachmittags geöffnet

Das Rad zum Kanal
Cycl'Hope

Vermietung diverser Fahrradtypen.

6, bd. Stalingrad, T 06 25 34 49 05, www.cyclhope-dordogne.fr, Räder ab 22 €/Tag

Infos und Termine
Office de Tourisme: Jardin Public, T 05 53 61 08 55, www.pays-bergerac-tourisme.com
Bahn: nach Bergerac und Sarlat
Bus: u. a. nach Cadouin und Bergerac
Marché aux fleurs: 1. Mai, großer Blumenmarkt im Zentrum

IN DER UMGEBUNG

Widerstand im Wald

70 Jahre lag die Gründung des **Maquis de Durestal** (1943) zurück, als sich alte Partisanen im Wald südlich von Cendrieux trafen, um hier eine ungewöhnliche Gedenkstätte zu eröffnen. Entstanden ist dort (E 4; Abzweig an der D 32) die Rekonstruktion eines Lagers, wie französische Widerstandskämpfer es im Zweiten Weltkrieg nutzten. Cendrieux ist zudem Heimat eines Museums, das man dort absolut nicht vermuten würde, des **Musée Napoléon.** Das Haus ist im Besitz der Nachfahren von Napoleons Bruder Jérôme und beherbergt tatsächlich mehr als 500 seltene Erinnerungsstücke aus dem herrschaftlichen Nachlass.

www.musee-napoleon.fr, mind. Juli–Aug. So–Fr 15, 17, Mai/Juni, Sept. Do, So 15 Uhr, 9 €

Le Buisson-de-Cadouin E 5

Laut Eigenwerbung hält die UNESCO ihre schützende Hand über die Gemeinde. Man muss das relativieren. Le Buisson-de-Cadouin ist ein Zusammenschluss mehrerer Dörfer, von denen nur Cadouin mit seiner Abtei kulturell Belang hat. Und Weltkulturerbe ist nicht das ehemalige Zisterzienserkloster für sich, sondern es sind – seit 1998 – die französischen Jakobswege, an denen eben auch diese Abtei liegt. Allerdings hat sie inmitten des hübschen Dorfes Cadouin ihren besonderen Charme.

Maßlose Mönche?

Mit der Markthalle als Versammlungsort zwischen alten Häusern verdient **Cadouin** ohnehin jedes Wohlfühlprädikat. Was die **Zisterzienserabtei** angeht, so wurde dort schon in den Anfängen geschummelt. 1119, vier Jahre nach der Gründung, schlossen sich die Mönche dem Orden an, fügten sich aber nicht den strengen architektonischen Beschränkungen der Bruderschaft, die beispielsweise den reichen Skulpturenschmuck der Kapitelle abgelehnt hätte. Man argumentierte, es sei mit dem Bau schon begonnen worden, das müsse man nun auch nach altem Konzept fortsetzen. Allzu pompös für den Bettelorden geriet dann aber auch der meisterhafte Wiederaufbau des Kreuzgangs nach dem Hundertjährigen Krieg, nun im gotischen Flamboyantstil. Immerhin existierte eine hohe Versuchung, denn Cadouin besaß seit 1117 das »Schweißtuch Christi«, das den Jakobspilgern einen Umweg und einen oft hohen Obolus wert war.

Herabhängende Schlusssteine von Gewölben, sog. Abhanglinge, sind in der Nord- und Ostgalerie des **Kreuzgangs von Cadouin** als eigenständige Skulpturen ausgeführt. Darunter findet sich eine äußerst seltsame Darstellung. Auf dem Rücken eines Mannes reitet eine Kurtisane, die eigentlich nackt sein sollte, aber das wagte man hier nicht. Der Mann unter ihr ist Aristoteles, ein überzeugter Verfechter weiblicher Minderwertigkeit, die sich selbst beim Zeugungsakt in einer passiven Rolle zeige. Die Kirche des Mittelalters nahm den Philosophen unter Beschuss, indem sie ihn kriechend und abhängig von einer Frau abbildete.

Pilgerfahrt auf Irrwegen

1933 datierten Wissenschaftler das Schweißtuch anhand arabischer Schriftzeichen auf das 11. Jh., die Pilgerfahrt wurde verboten. 50 Jahre später bestätigte ein neues Team zwar die Datierung der Bordüre, definierte das Tuch selbst aber als undatierbar. Ausgestellt ist es im Kapitelsaal. Im Sommer lässt sich das Erlebnis durch einen Besuch des Klosters nach Einbruch der Dunkelheit steigern – die Ruhe des Ortes garantiert eine mystische Stimmung.

Kreuzgang und Kapitelsaal: Pl. de l'Abbaye, T 05 53 63 36 28, https://cloitre-cadouin.fr/fr, Juli/Aug. tgl. 10–19, April–Juni, Sept./Okt. tgl. 10–13, 14–18, Nov./Dez. Di–So 13.30–17, Febr./März Di–So 10–13, 14–17.30 Uhr, 7,70 € (mit Château de Biron, ▸ S. 65, 13,40 €)

Absolut nicht grottig

Eine Art Strandleben besitzt das 5 km nördlich von Cadouin gelegene Hauptdorf **Le Buisson** an seiner Brücke **Pont de Vicq,** denn dort schwimmen Badegäste in der Dordogne. Ins Unterirdische locken derweil die **Grottes de Maxange.** Im Jahr 2000 wurde bei Arbeiten in einem Steinbruch ein großes Höhlensystem entdeckt, das zwar keine Spuren einer prähistorischen Nutzung aufweist, wohl aber sehr ungewöhnliche und schöne Calcitformationen.

Grottes de Maxange: Mestréguiral, T 05 53 23 42 80, http://lesgrottesdemaxange.com, Juli/Aug. tgl. 9–19, April–Juni, Sept. 10–12, 14–18, Okt./Nov. So–Fr 10–12, 14–17 Uhr, 11,50 €

Ganz und gar ländlich

La Ferme de l'Embellie

Fast 2 ha freies Land mit lockerem Baumbestand umgeben das Bauernhaus, das direkt vor seiner Tür einen modernen, großzügigen Pool mit weitem Blick in die Landschaft besitzt – nach anstrengenden Tagestouren ein herrlicher Ort, um zu entspannen. Unterkunftsmöglichkeiten bestehen für bis zu 12 Personen. Alle Zimmer und Gîtes verfügen über eigene Zugänge und bescheidene Kochmöglichkeiten.

Gavernat, Le Buisson-de-Cadouin, T 07 72 72 70 02, www.ferme-embellie.com, Mitte März–Mitte Okt., 3 Zimmer, 2 Gîtes | €€

Geduldige Gäste

Auberge l'Espérance

Gäste überschlagen sich mit Lobeshymnen. Die Beliebtheit des Restaurants mit Garten bedingt, dass man buchen und sich zudem auf etwas längere Wartezeiten einstellen muss. Lohn ist ein köstliches Essen mit regionaler Note.

3, av. des Sycomores, Le Buisson, T 05 53 74 23 66, https://lesperance.eatbu.com, Do–Mo | €€

Regionale Rezepturen

De l'Abbaye

Hier gibt es sie noch obligatorisch und gratis zum Einstieg: die Knoblauchsuppe Tourain (▸ S. 10). Auch die weiteren Gänge sind regional geprägt und schmecken besonders gut im Freien direkt vor der Fassade der Abtei.

Pl. de l'Abbaye, Cadouin, T 05 53 63 40 93, Mo geschl. | €

Frische tanken

Marché hebdomadaire

Trotz gleichwertigen Warenangebots ist der Wochenmarkt in Cadouin (Mi) attraktiver als der in Le Buisson (Fr), weil dort die alte Markthalle einbezogen wird.

Infos

Office de Tourisme: Pl. de L'Abbaye, 24480 Le Buisson-de-Cadouin, T 09 85 00 07 13, www.pays-bergerac-tourisme.com

Bahn: ab Le Buisson nach Bergerac, Périgueux und Sarlat

In der Umgebung

»Und sind der Feind auch noch so viel …«

Parkplatz statt Marktplatz, dann wieder Marktplatz: **Beaumont-du-Périgord** (🕮 D 6) hat an seiner Aura getüftelt und 2017 die alte Markthalle im Zentrum nach historischem Vorbild rekonstruiert. Nun ist die einst englische Bastide aus dem Jahr 1272 fast wieder intakt. Dienstags und samstags trifft man sich zum schillernden Wochenmarkt, an Montagen im Juli und August zu einem kulinarischen *marché gourmand.* Über allem wacht

Es matscht die Mühle – und presst köstliches Öl aus dem Mus von Walnüssen.

eine gotische Wehrkirche mit Pechnasen, die im kriegerischen 14. Jh. als Zuflucht diente. Zwei weiteren Bastiden an der Strecke, **Molières** und **Monpazier**, gilt eine Sonderfahrt (► S. 68).

Office du Tourisme, 1, pl. Jean Moulin, 24440 Beaumont-du-Périgord, T 05 53 22 39 12, www.pays-bergerac-tourisme.com

Biron E 6

Streng genommen, wirklich sehr streng, wäre Le Buisson schon dem Périgord Noir zuzuordnen gewesen, andere Gemeinden der Gegend sind es aber nicht. Tatsächlich zieht sich das Périgord Pourpre ein wenig schräg und unmotiviert ums Eck über Biron und Villefranche der nächsten Weinregion Cahors entgegen. Für Reisende hat das zunächst keine Bedeutung, nur spürt man schon vor Biron deutlich, wie man der vertrauten Dordogne-Landschaft entrinnt, um in die Verlorenheit der Weite einzutauchen. Das mächtige Château de Biron stampft da noch einmal heftig auf den Boden – wie darauf beharrend, dass dies noch Burgenland ist. Wer nur mal so zufällig vorbeikommt, stutzt unweigerlich: Wie kann es sein, dass in solcher Abgeschiedenheit ein so gigantisches Schloss steht?

Barone, Bischöfe, Botschafter

»Merckwürdiges Leben des unter dem Namen eines Grafens von Biron weltbekannten Ernsts Johann, gewesenen Regentens des Russischen Reichs, auch Herzogs …« Nun, das Verlesen des vollständigen Buchtitels von 1742 würde noch eine Viertelstunde dauern. Was er uns sagt: Die uralte Baronie Biron hat ein verzweigtes Adelsgeschlecht hervorgebracht, nämlich die Familie Gontaut, aus der Offiziere, Bischöfe und Botschafter an Frankreichs Hof gelangten, um sich von dort weiter über Europa auszustreuen. 800 Jahre Geschichte, ein mächtiger Brocken Zeit, zu Stein geworden mit dem **Château de Biron.** Die erste Burg stand dort schon im 12. Jh., aber was heute so gewaltig über der Ebene auftrumpft, kann nur durch Macht und Übermacht entstanden sein.

Das Château lehrt, wie man ein Château leert

Spätgotik mischte sich mit italienischer Renaissance, als das Schloss nach Ende des Hundertjährigen Krieges wieder in Form gebracht wurde. In den Bau der schmuck geplanten Schlosskapelle preschten die Religionskriege. Als Hugenotten schlugen sich die Barone auf die Seite von Henri de Navarre, wurden aber 1572 durch dessen Übertritt zum Katholizismus enttäuscht. Der offenkundig verstörte Charles de Gontaut, damals noch Kind, machte später unter eben diesem konvertierten König Henri Karriere als Feldherr, wurde Herzog und sogar Pair. Höher hinaus ging es nicht mehr – es sei denn auf den Thron Frankreichs. Vielleicht hatte Charles so etwas im Sinn, als er sich von Spaniern zur Revolte anstacheln ließ. Die Sache endete damit, dass 1602 sein Kopf rollte. Fern von Paris, in Biron, hatte der Fehltritt die skurrile Folge, dass dieses gigantisch große Schloss für die nächsten 120 Jahre leer und einsam in der Gegend stand.

Versilbertes Tafelsilber

Erst Charles' Großneffe rappelte sich noch einmal zum Herzog auf, was aber der Familie nicht gut bekam, denn es stand die Revolution bevor und mit ihr die Guillotine, die auf Großprotze wie die Gontauts nur wartete. Eine überlebende Seitenlinie zog ins Schloss, ihr letzter Spross verjuxte als Marquis alles Tafelsilber in Casinos und auf Rennbahnen, bis 1938 das Château selbst unter die Räder kam. Wenn heute zwei Exponate im Metropolitan Museum von New York aus Biron stammen, so ist dies eben diesem unnachahmlichen Lebemann zuzuschreiben. Für Sie als Besucher hat es zur Folge, dass Sie Innenarchitektur mehr oder weniger pur betrachten können. Und die recht zahlreichen Regisseure, die es schon hierher verschlug, freuen sich, dass sie beim

Die Jungfernrebe, landläufig bekannt als Wilder Wein, taucht Château Biron mit ihrem Herbstlaub in bunte Farben.

Kulissenbau keinen wertvollen Krempel beiseiteschaffen oder versichern lassen müssen.

Château de Biron: Juli/Aug. tgl. 10–19, April–Juni 10–13, 14–18, Sept. 10–18, Nov./Dez. Di–So 14–18, Febr./März Di–So 14–17 Uhr, www.chateau-biron.fr/fr, 9,50 €, Kombiticket mit der Abtei von Cadouin (▶ S. 63) 13,50 €

Ein Dorfzwerg am Fuß der Burg

Und nun das zweite Rätsel, das sich dem Reisenden in Biron stellt: Warum fehlt dem Schloss eine angemessen große Siedlung? Knapp 200 Einwohner sind ja kaum der Rede wert. Die Antwort ist, dass 100 Jahre Einsamkeit im Schloss einen Mangel an Brötchengebern bedeuteten. Das heutige Dorf wurde erst im Zuge der Revolution neu gegründet, wuchs durch Eingemeindungen, nur um mit der irritierenden Verschwendungssucht des Marquis' wieder zu schrumpfen. Vom Staat kam Schützenhilfe, als Biron 1991 zur Grand Site National erklärt wurde. Denn ein Ort, der so große nationale Geschichte geschrieben hatte, verdiente auch nationale Anerkennung. 2010 war man es offenkundig leid und strich Biron wieder von der Liste.

Kunst in Bewegung

Aber der staatliche Beistand hatte dem Bürgermeister Flausen in den Kopf gesetzt. 1992 drängte er den Kulturminister, das 70 Jahre alte Kriegerdenkmal des Ortes aufzupolieren. So erging ein Auftrag an den deutschen, aber wahlfranzösischen Konzeptkünstler Jochen Gerz, was letztlich in das **Monument vivant** mündete. Gerz führte Interviews mit allen Einwohnern von Biron. Einige hatten noch das Massaker miterlebt, das die SS im Mai 1944 in den Nachbardörfern Vergt und Lacapelle verübt hatte. Eingestreut in die Unterhaltung war eine Frage, die unveröffentlicht blieb. Die Antworten finden sich auf dem Obelisken, sie wirken zusammenhanglos, solange man die Frage nicht kennt, die erst später öffentlich wurde: »Was ist Ihnen so wichtig, dass Sie dafür Ihr Leben hergeben würden?« Als Work in Progress kommen noch heute Antworten junger Leute hinzu.

Zu Füßen der Herrschaften

Castelwood Vacances

In einem Wäldchen am Fuß des Schlosses stehen 15 Chalets aus Holz, jedes mindestens 50 m² groß, die naturnahes Wohnen zu günstigen Preisen garantieren. Vor allem für Familien geeignet.

Bois du Château, 24540 Biron, T 05 53 57 96 08, www.castelwood.fr, 15 Chalets, April–Okt. | €€€ (Chalet für 4 Pers.)

Salat, Steinpilze, Schlossblick

Auberge du Château de Biron

Hausherrin Marilyne Ribert zeigt rührendes Bemühen um die wenigen Fremden, die mal in Biron vorbeischauen. Ihr Tagesangebot schreibt sie auf eine Tafel. Es gibt u. a. üppige Salate und ein leckeres Steinpilzomelette – alles mit Blick aufs Schloss.

Le Bourg, T 05 53 63 13 33, https://aubergechateaudebiron.com, So abends bis Di sowie Mitte Nov.–Anf. Dez. geschl. |€, jeden 1. So im Monat ›Pass Gastro‹: Mahlzeit und Eintritt ins Schloss zum Vorzugspreis

IN DER UMGEBUNG

Bis an die Grenze

Nicht weit von Biron, wo der Touristenstrom schon längst abgerissen ist, stößt man ans Ende des Départements Dordogne. Auch **Villefranche-du-Périgord** (🕮 F 6), auf kürzester Route 23 km östlich, ist Grenzort. Mit dem Gründungsjahr 1261 ist dies die älteste Bastide der Region, im Unterschied zu Beaumont-du-Périgord (▶ S. 64) und Lalinde (▶ S. 59) allerdings eine französische. Nach einem Besuch von Monpazier (▶ S. 68) kann sie nicht mehr recht begeistern. Wer aber im Herbst dort ist, wird vom Steinpilzangebot in der Markthalle und dem entsprechend quirligen Treiben sehr angetan sein.

Office de Tourisme du Pays du Châtaignier, Rue Notre-Dame, 24550 Villefranche-du-Périgord, T 05 53 29 98 37, www.perigordnoir-valleedordogne.com, Öffnungszeiten s. Website

Mittelalter ganz ohne Chaos – **Molières und Monpazier**

Für Franzosen ist 1453 ein Triumphjahr. Mit dem Sieg über die Engländer bei Castillon endete der zermürbende Hundertjährige Krieg. Zur Strategie der Streithähne während dieser düsteren Zeit gehörte eine skurrile Siedlungspolitik, bei der beide Seiten Land mit Kolonien besetzten – und so quasi den Prototyp des Spiels »Siedler von Catan« schufen.

Molières 1 ist ein Winzdorf, in dem kein Polizist Knöllchen verteilt und kein Franzose hupt, nur weil man im Karree die vorgesehene Fahrtrichtung ignoriert. Ist diese kleine Hürde genommen, fallen die größeren Schuppen von den Augen: Molières, nicht verwandt und nicht verschwägert mit dem Theatermann Molière, sieht irgendwie anders aus – sehr alt und dabei doch sehr aufgeräumt. Mittelalter ohne das Chaos, das man der Ära so gerne zuordnet.

Man nimmt heute an, dass **Raymond de Toulouse** den Stein der spezifisch südfranzösischen Siedlungstaktik lostrat, als er 1222 bei Albi zwei durchgeplante Neugründungen anordnete. Auch dabei ging es um Revierkämpfe. Denn der Graf von Toulouse hatte sich als (»ungläubiger«) Katharer gegen Kreuzritter unter französischer Führung zu wehren.

Quadratisch, praktisch, klein

Molières ist eine von ehedem 40 Bastiden der Region, die kleinste. *Bastir* bezeichnet im Okzitanischen ›das Bauen‹. Gebaut wurde nach Plan und in einem Zug, sodass eine Siedlung tatsächlich in einem Jahr komplett sein konnte. Für Molières war es das Jahr 1284 – entstanden war eine englische Bastide mit Arkaden um einen zentralen Marktplatz, einer gotischen Kirche in der Diagonale, einer längst zerstörten Wehranlage. Heute gibt es hier ein Lädchen, das Bar, Kiosk und Restaurant in sich vereint. Unter allem schlummert eine römische Siedlung – auch das typisch für Bastiden, war doch das Römerlager Vorbild.

Die Bastide war das Damp 2000 des Mittelalters, nur nicht für den Urlaub gebaut. Die Neusiedler erhielten Land, falls sie darauf zügig und nach strengen Vorgaben bauten und zustimmten, im Ernstfall ihren Besitz zu verteidigen. Stadtmauer, Wehrturm und Festung kamen erst im kriegerischen 14. Jh. hinzu.

Bastide bombastique

Das ungleich größere **Monpazier** 2, 1285 gegründet, zeigt aber bereits, dass die Engländer zunehmend auf Expansion und Verteidigung setzten. Deshalb existiert eine Stadtmauer – und dahinter die wohl schönste Bastide, die man sich auf geometrischem Grundriss vorstellen kann. Ein großer Platz mit Brunnen und hölzerner Markthalle, ringsum gefällige Arkadenhäuser mit vielgestaltigen Fassaden und darin die führenden Kunsthandwerker der Region. Denn so eine Toplage in einem der ›Plus beaux villages de France‹ verspricht Umsatz – dem Kunsthändler **Tamaya** 1 (Pl. des Cornières) ebenso wie dem Modeschmuckdesigner **Aude Ménart** 2 (18, rue St-Jacques).

Arkaden am großen Platz von Monpazier: Die überdachte Einkaufszone war schon im Mittelalter beliebt.

INFOS/ÖFFNUNGSZEITEN

Office de Tourisme: Pl. des Cornières, 24540 Monpazier, T 05 53 22 68 59, www.pays-bergerac-tourisme.com
Bastideum 3: interaktive Begegnung mit Bastiden; 8, rue Galmot, Monpazier, T 05 53 57 12 12, www.bastideum.fr, Juli/Aug. tgl. 10–19, April–Juni, Sept./Okt. Di–So 14–18 Uhr, mit Führung 8 €
Markt: Do und Sa

LUXURIÖS IM LAUBBAUM

Es erinnert an die berühmte Treetops Lodge, nur dass unten nicht Afrikas Tierwelt flaniert. **Châteaux dans les Abres** 1 heißt diese Variante, hölzerne Schlösser in Baumgipfeln mit Luxusausstattung (Domaine de Puybeton, 24440 Nojals-et-Clotte, T 06 30 64 26 00, www.chateaux-dans-les-arbres.com | €€€).

MITTEN IM GESCHEHEN

Auch wenn das Essen andernorts vielleicht besser sein sollte – am schönsten speist man auf dem zentralen Platz, z. B. im Bar-Restaurant der **Nouvelle Galerie Monpazier** 1 (28, pl. des Cornières, auf Facebook, tgl. 10–22 Uhr | €).

Faltplan: E 5–E 6 | **Route** Cadouin–Molières–St-Avit–Beaumont–Monpazier; Länge der Route 35 km, reine Fahrtzeit 45 Minuten

Périgord Noir

Mitten im Krieg, am 12. September 1940, verschwand Robot bei der Kaninchenjagd in einer Höhle. Seine Begleiter, vier junge Burschen, folgten dem Hund und entdeckten … die prähistorischen Malereien von Lascaux. Es existieren Varianten dieser Geschichte, sicher ist aber, dass mit diesem Fund der Höhlentourismus aufblühte und schnell das gesamte Périgord Noir erfasste. Dichte Wälder, märchenhafte Schlösser über Flusskehren, hervorragendes Essen zu erschwinglichen Preisen und obendrein Kulturgut aus einer unvorstellbar frühen Ära – diese überzeugenden Argumente von einst haben ihre Gültigkeit bewahrt.

Sarlat-la-Canéda

F 5, Cityplan S. 76

Der Name klingt so, als würde sein zweiter Bestandteil den ersten näher definieren: Sarlat-la-Canéda. Etwa wie ›Karl der Kahle‹. Doch solche Ortsnamen entstehen, wenn sich zwei Gemeinden zusammenschließen, um Verwaltungsaufwand zu kappen. Sarlat fusionierte 1965. Die Einwohnerzahl liegt bei knapp 9000, aber der Ort wirkt größer und scheint sogar an der Peripherie mehr oder minder schön zu wachsen. Wer dort eintrudelt, vermag sich den Zauber der Altstadt mit ihren Gassen und Höfen nicht vorzustellen. Doch nur zu, die Überraschung ist schließlich Teil des Vergnügens.

WAS TUN IN SARLAT?

Architektur des freien Denkens

Über eine »Servitude volontaire«, eine freiwillige Knechtschaft, schrieb Mitte des 16. Jh. ein junger Mann, der nicht sonderlich alt werden sollte. Étienne de la Boétie (1530–1563) war Richter, Autor und Freund Michel de Montaignes und konfrontierte seine Zeitgenossen mit der These, dass Unterdrückung die Bereitwilligkeit der Unterdrückten voraussetze. Étiennes Geburtshaus, die **Maison de La Boétie** 1, steht an der Place du Peyrou. Etwa 1 Mio. Gäste schieben sich jährlich an der Fassade vorbei und machen ihr Foto, ohne sonderlich viel über diesen La Boétie zu wissen. Dass er gleich gegenüber der **Cathédrale St-Sacerdos** 2 (sehenswert mit Brunnenhof und Resten des Kreuzgangs) zur Welt kam, besitzt Brisanz, denn neben dem Adel war es gerade auch der Klerus, der *servitude* gefordert hatte. Nun, im Zeitalter der Renaissance, mahnten die Vordenker, sich nicht länger gängeln zu lassen und Eigenverantwortlichkeit zu entwickeln.

Die Bürgerhäuser der Stadt atmen diesen Geist, bekennen sich zum verdienten Wohlstand und der Abkehr von Bevormundung. Während die **Lanterne des Morts** 3 (12. Jh.) hinter der Kathedrale, wo bei Seuchen ein Warnfeuer entzündet wurde, noch das Mittelalter symbolisiert, steht das Rathaus **Hôtel de Ville** 4 an der Place de la Liberté (17. Jh.) für die Selbstbestimmung. Jahrhunderte später verwandelte Architekt Jean Nouvel, bekannt aus Périgueux (▸ S. 39), die überflüssig gewordene Kirche Ste-Marie in eine **Markthalle** 4, mit Aufzug zum Kirchturm (5 €). Davor erstreckt sich die **Place du Marché des Oies** 5, auf der von November bis März Gänsespezialitäten verkauft werden.

Abkehr von der Bevormundung – Selbstbestimmung im Blick

Der **Manoir de Gisson** 5 am Platz zählt zu den wenigen Renaissancebauten, die auch innen besichtigt werden können (T 05 53 28 70 55, www.manoirdegisson.com, Juli/Aug. tgl. 10–19, April–Juni, Sept. 10–18.30, Okt.–Allerheiligen 10–18 Uhr, 8,50 €). Derweil erlaubt das **Hôtel Plamon** 6, Haus reicher Tuchhändler, zumindest einen Blick in den Innenhof mit seiner Holztreppe (17. Jh.). Zum Abschluss lohnt ein ausgiebiger Bummel durch die **Rue de la République** mit ihren Geschäften, die seit 1840 die Altstadt durchschneidet.

EIN MUSEUM, DAS LOHNT

Kommen Sie spät …

… diese Empfehlung des Hauses spricht für sich – denn erst in der Dunkelheit werden die rund 500 Objekte, die der 2022 verstorbene Künstler Pierre Shasmoukine in seinem **Za-Gorodka** 7 aufgestellt hat, wegen ihrer Lichter zum Erlebnis.

Gorodka (4 km südl. vom Zentrum), Juli/Aug. tgl. 19–23 Uhr (10 €), Di, Do Führung ab 20 Uhr (15 €), sonst nach Vereinbarung unter T 06 83 36 77 96

SCHLEMMEN, SHOPPEN, SCHLAFEN

In fremden Betten

Wie zu Hause, nur schöner
Villa des Consuls 1
Die kuriosen Treppen in den Mansardenzimmern gestalten Zugang zu Fenstern, durch die man herrliche Blicke auf die Dächer der Stadt und auf den Garten im Innenhof genießt. Wer sich dann aber die Appartements mit Terrasse anschaut, legt bereitwillig noch was drauf, um das Leben auch in vollen Zügen zu genießen. Kochgelegenheit vorhanden.

3, rue Jean-Jacques Rousseau, T 05 53 31 90 05, www.villaconsuls.fr, 4 Zimmer, 7 Appartements | DZ €€, Appartement für 2 Pers. €€€

Wo sich Fuchs und Hase gute Nacht sagen
La Hoirie 2
Das mit großem Aufwand umgestaltete Jagdschlösschen aus dem 13. Jh. punktet mit seiner ruhigen Lage inmitten eines Parks am Südrand von Sarlat. Zum Angebot gehören der Pool und ein sehr gutes Restaurant (19–21.30 Uhr).

Rue Jacques Anquetil, La Giragne (über D 704 zu erreichen, knapp 4 km südl. von Sarlat), T 05 53 59 05 62, http://lahoirie.com, 44 Zimmer | DZ €€€, Menü €€, Frühstücksbüfett €

Nicht am falschen Ende sparen
Maison des Peyrat 3
Der Pool und ein sehr idyllischer Garten liefern auch hier die besten Argumente, sich in diesem historischen Haus östlich vom Zentrum ein paar Tage mehr zu gönnen. Das preiswerteste Zimmer ist allerdings zu beengt, um mehr als eine Schlafgelegenheit zu sein.

Lieu-dit La Plane Basse, T 05 53 59 00 32, www.maisondespeyrat.com, im Winter geschl., 10 Zimmer | €€

Die Kirche als Marktplatz: Ste-Marie widmet sich heute ganz der frischen Kost.

Auf immer und ewig – **Musterort Sarlat als Filmstadt**

Historienschinken vor Pappmaché, Seeschlachten auf wogenden Plastikfoliewellen – die Kinogeschichte hatte kein Problem mit stümperhaften Kulissen. Aber sie schielte auf den Dreh ›on location‹, vor Ort. Denn wie hätte ein Streifen mit dem Gruseltitel »Die schwarze 13« mehr unter die Haut gehen sollen als durch Verfilmung auf einem Schloss wie Hautefort?

Damals, in den 1960er-Jahren, rückte auch Sarlat ins Blickfeld der Cineasten. »Loi Malraux« heißt ein Gesetz zum Schutz französischer Kulturdenkmäler, 1962 erlassen, als man in Deutschland noch bedenkenlos historische Architektur abriss. Sarlat erhielt als erste Gemeinde Frankreichs Fördergeld und wurde bis 1974 saniert. Seither heißt es, in diesem Ort seien die mittelalterlichen Gassen noch intakt. Eine Fehleinschätzung, denn im Unterschied zu den Bastiden ist Sarlat ein Souvenir der Renaissance – und gerade als solches enorm filmreif.

Filmischer Ritterschlag

Zu den ersten Filmen, die Locations in der Dordogne einbezogen, zählte 1928 das Mantel-und-Degen-Opus »Le Capitaine Fracasse«, in dem der Held auch auf der Treppe des **Hôtel Plamon** 6 ficht. Nicht selten kommt solch verstaubter Kinostoff mit Bezug zu Sarlat beim Theaterfestival (▶ S. 79) quasi durch die Hintertür wieder hervor. So war das auch bei »Fracasse«, der 2011 im **Jardin des Enfeus** bei der Kathedrale 2 als Bühnenstück aufgeführt wurde. Der Garten seinerseits war im Jahr zuvor einer der Drehorte in der Krimiserie »Nicolas Le Floch«. Laut Plot spielt sie im vorrevolutionären Paris, aber die Hauptstadt besitzt solche Kulissen nicht mehr. Umgekehrt sind in Sarlat angesichts der Locations auch die Sujets eingegrenzt. »Jeanne d'Arc« mit Milla Jovovich (1999) oder »D'Artagnan« mit Justin Chambers (2001) knöpfen sich beide die Zeit der Ritter vor. Daneben gibt es Kurioses wie »The

▶ FILMTIPP

»Die schwarze 13«, 1966 teils in der Dordogne gedreht, ist eine verwickelte Geschichte um Menschenopfer. Eine Nebenrolle spielt Sharon Tate, später Frau von Roman Polanski, der sie mit der Horrorkomödie »Tanz der Vampire« berühmt machte. 1969 wurde Tate Opfer eines Massakers, verübt durch die kultisch agierende Manson Family.

Gar schaurig ist's: Kulissen wie hier in der Rue de la Liberté sind wie geschaffen für Historienfilme.

Bride« (1985) mit Sting als Frankenstein oder die Komödie »Le Tatoué« (1968) mit Louis de Funès und Jean Gabin als Durchgeknallte.

Von Ridley Scott bis Drew Barrymore

Ein weiteres Filmdenkmal ist das **Couvent Ste-Claire** 8. Regisseur Ridley Scott, bekannt für »Alien« und »Blade Runner«, bezog das trutzige Klarissen-Kloster ein, als er mit Harvey Keitel und Keith Carradine 1977 seinen ersten Spielfilm drehte. Unprätentiös ist derweil das Gebäude an der Place de la Grande Rigaudie, **Tribunal d'Instance** 9, das 2005 seinen Auftritt im Drama »Ange de Feu« hatte. Doch zuvor fanden Château Hautefort und Sarlat zur großartigen Leinwandehe, als Erfolgsregisseur Andy Tennant 1998 das Aschenputtel-Motiv neu in Szene setzte: »Auf immer und ewig«. Neben der **Place du Marché des Oies** 5 erhielt darin das **Château de la Roussie** 10 im Vorort Proissans seinen Auftritt als Haus von Danielle (Drew Barrymore).

Die Dritte im Bunde

Nach Paris und Nizza steht Sarlat als Drehort mittlerweile frankreichweit an dritter Stelle. Das gab 1991 Anstoß, in der Stadt auch ein »Festival International du Film de Sarlat« einzurichten. Es ist nicht nur Treffpunkt französischer und internationaler Stars, sondern dient auch der Nachwuchsförderung. Allein 600 Filmstudenten aus ganz Frankreich werden jährlich erwartet – das ergibt einen November, den man absolut nicht trist nennen kann.

INFOS/ÖFFNUNGSZEITEN

Ciné Rex 3: 18, av. Thiers, T 05 53 31 04 39, www.cinerex.fr; nicht nur Kino mit sechs Sälen, sondern quasi Kulturpalast, der eine zentrale Rolle beim Filmfestival spielt (https://festivaldufilmdesarlat.com).

DER SNACK ZUM FILM

Einmal ums Eck, findet man an der Rückseite des Kinos das **Ciné Café Rex** 4 (Rue de Cahors). Vom Nachmittag bis zum frühen Abend gibt es dort Kuchen und kleine Speisen, auch für Vegetarier (Di–Sa).

Faltplan: F 5 | **Cityplan:** S. 76

Périgueux, Brive,
Square du 8-Mai-1945
Auberge de jeunesse
Place du 11-Novembre
Rue du 8-Mai-1945
Porte de l'Endrevie
Rue Peyrat
Rue de la Paix
Boulevard Victor-Nessmann
Rue de la République
Rue Magnanat
Place de la Bouquerie
Rue des Armes
Rue des Consuls
Bd Eugène-Le-Roy
Rue Papucie
Place des Oies
Place Boissarie
Place Salvador-Allende
Rue de la Charité
Porte de la Boucarie
Rue Victor-Hugo
Place de la Liberté
Rue Fénelon
Chapelle des Pénitents-Blancs
Boulevard Henry-Arlet
Hôtel de Grézel
Hôtel de Genîs
Rue Présidial
R. des Mazels
Rue de la Salamandre
Rue du
Terrasse des Recollets
Rue du Minage
D704
Côte de Toulouse
Rue Alberic-Cahuet
Place Lucien-de-Malville
Rue Landry
Rue Jean-Jacques-Rousseau
Rue de la Liberté
Boulevard Eugène-Le-Roy
Fage
Rue Blanchet
Passage Henri-de-Ségogne
Rue d'Albusse
Relais de la Poste
Rue de
Rue Montaigne
Rue de la Boétie
Place du Peyrou
Rousset
Chapelle des Pénitents-Bleus
Rue de Turenne
Rue
R. Liarsou
Pl. Liarsou
Rue Bonnel
Rue des Trois-Conils
Cour des Chanoines
Rue du Siège
Rue de Vienne
Rue Lakanal
Cour des Fontaines
Rue Barry
Rue Tourny
Rue Jean-Joseph-Escande
Rue des Écus
Boulevard Voltaire
Siège
Rue du
Rue de l'Olivier
Jardin d. Plantie
Porte de la Rigaudie
Place de la Grande-Rigaudie
Place du 14-Juillet
Boulevard Henry-Arlet
Avenue du Général-Leclerc
Rue Émile-Faure
Rue du Moulin-à-Vent
Place Pasteur
Rue Jean-Tarde
Impasse du Moulin-à-Vent
Avenue Thiers
Rue Jean-Baptiste-Delpeyrat
Rue de Cahors
Bahnhof
0
100 m

SARLAT-LA-CANÉDA

Sehenswert
1 Maison de La Boétie
2 Cathédrale St-Sacerdos / Jardin des Enfeus
3 Lanterne des Morts
4 Hôtel de Ville
5 Manoir de Gisson
6 Hôtel Plamon
7 Za-Gorodka
8 Couvent Ste-Claire
9 Tribunal d'Instance
10 Château de la Roussie

In fremden Betten
1 Villa des Consuls
2 La Hoirie
3 Maison des Peyrat

Satt & glücklich
1 La Terrasse et Château La Benechie
2 La Crèmerie
3 Le Bistro de l'Octroi
4 Ciné Café Rex

Stöbern & entdecken
1 Pâtisserie Massoulier
2 Distillerie du Périgord
3 Frenchy Lili
4 Marché Couvert
5 Pl. du Marché des Oies
6 Wochenmarkt
7 Trüffelmarkt

Wenn die Nacht beginnt
1 Lune Poivre
2 Sun7
3 Ciné Rex

Satt & glücklich

Was würde er essen, der Cro-Magnon? Wahrscheinlich das, was er kennt. Solche Gewohnheit lebt fort und beschert den Restaurants Zulauf, die das Gängige anbieten, zu welcher Qualität auch immer. Ergebnis ist in Sarlat eine Altstadt mit viel kulinarischer Lieblosigkeit zu überhöhten Preisen. Unter diesen Adressen könnten Sie mehr Glück haben:

Grillen im Grünen
La Terrasse et Château La Bénéchie 1
Würstchen, Huhn, Fisch und Rind mit Beilagen – lassen Sie Ihren Traum von einem kräftigen BBQ-Menü bei Ellen und Amie wahr werden. Im Sommer hält man es blendend einige Stunden auf der Terrasse aus und isst sehr wahrscheinlich mehr, als für die Bettschwere erforderlich ist.
9, rte. de la Bénéchie, T 06 22 89 53 35 | Büfett €€

Auf jeden Fall käsig
La Crèmerie 2
In erster Linie ist dies ein Käsegeschäft, allerdings eines, das im angeschlossenen Bistro auf vorbildliche Weise zeigt, was sich mit Käse alles machen lässt, wie sich die einzelnen Sorten unterscheiden, woher sie kommen und zu welchem Wein sie passen. Geringes Platzangebot.
6, av. du Gén. Leclerc, T 05 53 31 03 90, Di–Do 9–18.30, Fr/Sa 9–19 Uhr | €

Weg von der Herde
Le Bistro de l'Octroi 3
Eine gewisse Gefahr besteht, sich beim Bummel auf die Nepplokale in der Altstadt einzulassen. Dieses Restaurant mit Außen- und Innenbereich liegt dagegen etwas abseits der gängigen Pfade. Es gibt die typische Bistro-Kost: einfach, sättigend, preiswert.
111, av. de Selves, T 05 53 30 83 40, http://lebistrodeloctroi.fr, tgl. 12–13.45, 19.15–21.30 Uhr | €

Stöbern & entdecken

Bei so hoher kunsthandwerklicher Qualität im nahen Monpazier (► S. 68) fiel für Sarlat offenbar nicht mehr genügend ab. Dort sind es insbesondere die Feinkostläden, die das Stöbern lohnen.

Die falschen Ziegelbrenner
Pâtisserie Massoulier 1
Lauzes heißen die Kalkschieferplatten, mit denen man im Périgord Noir Dächer deckt. Das namensgleiche Konfekt kreierte Konditor Mertz, knapp 40 Jahre lang eine Institution in Sarlat. Der Nachfolger hat es nicht leicht, seit er übernahm, debattiert man, ob die *lauzes* noch von gleicher Qualität sind.
33, rue de la République

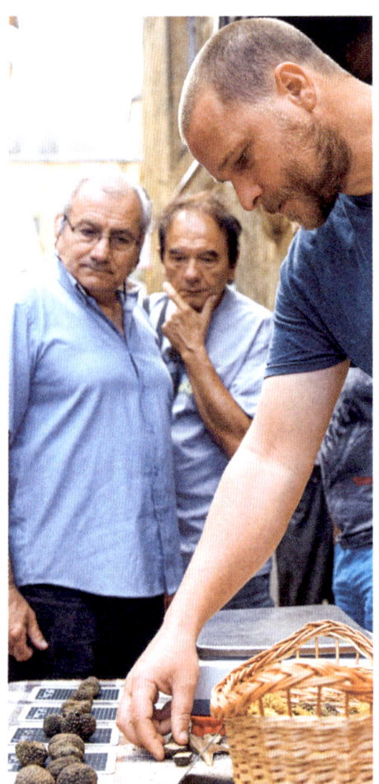

Trüffel lässt staunen: Den Spontankauf gibt es bei der teuren Ware eher selten.

In Schnaps baden

Distillerie du Périgord 2

Vom Aperitif Fénelon bis zum seltenen Whisky Lascaw, von den halbkandierten Guinette-Kirschen in Likör bis zum Lapouge Pastis entwickelt die Brennerei seit 1860 jede erdenkliche Köstlichkeit.

Av. de Madrazès, T 05 53 59 31 10, www.distillerie-perigord.com

Neo-Vintage

Frenchy Lili 3

Retro-Kleidung und Accessoires für Damen, Herren und Kinder mit Schwerpunkt auf Rockabilly.

11, rue de la République, www.frenchylili.com

Die Fülle der Markttage

Marchés

Mi vormittags und Sa ganztägig logiert der äußerst beliebte und gute **Wochenmarkt** 6 auf der Place de la Liberté. In der **Markthalle** 4 (*marché couvert*, einstige Kirche Ste-Marie) kann man sich ebenfalls vormittags bedienen, im Sommer täglich, sonst nur Fr–Mi. Einen Bio-Nachtmarkt gibt es dort Mitte Juni–Mitte. Sept. Do 19–22.30 Uhr. Die Place Boissarie ist von Dez.–Febr. Sa 9–12 Uhr Adresse für einen **Trüffelmarkt** 7.

Wenn die Nacht beginnt

Party findet im sommerlichen Sarlat bevorzugt draußen statt und sieht so aus, dass sich die Nachtschwärmer unter den Touristen zum Geleit von Straßenmusikern von Terrasse zu Terrasse durch die erleuchtete Altstadt kämpfen.

Nächtlicher Dienst am Cocktailglas

Lune Poivre 1

Der alte Kurs als Intellektuellentreff ›Café Leberou‹ ist insofern gebremst, als man nicht bereits um 8 Uhr die Tore öffnet. Also bleibt weniger Zeit für heiße Diskussionen, widmet man die verbliebenen Stunden mehr den berühmten Cocktails.

5, rue Jean-Jacques Rousseau, tgl. 18–2 Uhr

Darf's etwas länger sein?

Sun7 2

Weniger die Touristen als vielmehr Einheimische im Alter zwischen 20 und 50 verschlägt es in die Diskothek am südlichen Stadtrand. Renner sind Themenabende zu Anlässen wie Karneval und Valentinstag.

Rte. de Souillac, Lieut-dit Auziers, Fr/Sa 0–5 Uhr

INFOS

Office de Tourisme: 3, rue Tourny, 24200 Sarlat, T 05 53 31 45 45, www.sarlat-tourisme.com; auf der Website nützliche Audioguides, teils auch in deutscher Sprache

Bahn: über Lalinde nach Bergerac, Libourne und Bordeaux, über Les Eyzies nach Périgueux (umsteigen in Le Buisson)
Bus: nach Souillac, Brive und Périgueux, Pendelbusse nach Le Buisson (Anschluss an die Bahn Agen–Périgueux), Minibusse im Stadtverkehr

TERMINE

Fête de la Truffe: Mitte Jan. Ein Wochenende widmet sich der Trüffel; die Köche der besten Trüffel- und Foie-gras-Gerichte erhalten Pokale.
Fest'Oie: Anfang März. Großes Festessen samt Produktshow rund um Stopfleber und Gänsefleisch
Ringueta: Pfingstsonntag (gerade Jahreszahlen). Bei rund 30 traditionellen Spielen wird viel Gutes gegessen.
Festival des Jeux du Théâtre: Mitte Juli–Anfang Aug. Unter freiem Himmel erleben seit 1952 jährlich etwa 7000 Besucher drei Wochen lang Theaterstücke von klassisch bis zeitgenössisch, www.festival-theatre-sarlat.com.
Festival international du Film: Wochenende vor dem 11. Nov., Filmfestival (▶ S. 75)

AUSFLÜGE VON SARLAT

›Going nuts‹

Keine 10 km sind es bis zur Dordogne, von daher herrscht kein Mangel an grandiosen Ausflugszielen im Umkreis, darunter Domme (s. rechts), La Roque-Gageac (▶ S. 82), Château Les Milandes (▶ S. 88). Kürzer noch, nur 3 km über die D 704 Richtung Norden, ist der Weg zur Walnuss. Bei Le Lander demonstriert die Mühle **Les Noyeraies,** wie seit eh und je bestes Öl aus Nüssen gewonnen wird.
Impasse du Lander, 24200 Sarlat-la-Canéda (über D 704), T 05 53 59 24 57, www.ets-aussel.com, Juli/Aug. Mo–Sa 9–12, 14–19, übrige Monate Mo–Fr 9–12, 14–18 Uhr; mit Boutique

Eine Pizzeria an der Ostseite von Domme nennt sich ›Les Templiers‹. Nicht von ungefähr bemüht sie die Tempelritter, denn das Stadttor **Porte des Tours** nebenan bewahrt eine Erinnerung an den Orden. Die Templer standen in Ungnade bei König Philipp IV, der ihre militärische Macht beargwöhnte und zudem schlichtweg Schulden bei ihnen hatte. 1307 warf er ihnen Ketzerei und Sodomie vor und ließ landesweit Templer inhaftieren, so auch in Domme.
In ihrem Gefängnis, eben diesem Stadttor, hinterließen die Ritter mysteriöse Zeichnungen. Und manch einer glaubt, darin sei der Schlüssel zum Heiligen Gral zu finden (Juli/Aug. geführte Touren tgl. 10.15, 14, 16 Uhr, ohne Führung 15–17.30 Uhr).

Domme 🕮 F 5

Aussicht! … auf einen erbaulichen Abschnitt der Dordogne. Aber auch darauf, dass die mitunter finstere Vergangenheit dem Ort eine erfreuliche Zukunft bescheren wird. Denn Domme (900 Einwohner) zählt zu den Bastiden, die man gesehen haben muss, weil sie anders sind. Hoch auf einem schützenden Fels gelegen, das Schachbrett teils über Anhöhen gezogen, teils gegen Gestein abgewinkelt, die Plätze von der Natur unterhöhlt. Von allen Belagerern waren erst 1588 die Hugenotten erfolgreich.

Grottengänger

»Entrée de la Grotte« steht über dem Portal – man muss das erst einmal verdauen. Denn dies ist die **Markthalle,** gebaut um die Wende zum 17 Jh. aus Holz und Stein und damit haltbarer als die Hallen anderer Bastiden (Do

Bastide im Meditationsmodus: Von der Terrasse La Barre in Domme könnte man stundenlang auf die Dordogne schauen.

Wochenmarkt). Im Rücken befindet sich das **Hôtel du Gouverneur** (16. Jh., jetzt Office de Tourisme), schräg hinten die bescheidene **Kirche** (17./19. Jh.) und ein paar Schritte weiter gibt es *den* Blick: von der **Aussichtsterrasse La Barre.** Was die Grotten angeht, so handelt es sich um insgesamt 500 m lange Galerien mit Tropfsteinen und ein paar prähistorischen Gravuren (T 05 53 31 71 00, Juli/Aug. Führungen zwischen 9.45 und 18.30, Sa 10–18.30, Juni, Sept. bis 18, April/Mai bis 17.30 Uhr, Okt./Nov., Febr./März 11–16.30 Uhr, 9 €).

›Panorama parfait‹

Zugabe ist der **Panoramalift,** der eine coole Aussicht und eine unbeschwerliche Rückkehr aufs Plateau gestattet. Wieder oben angekommen, geht es vom **Jardin publique** über die **Promenade des Falaises** zurück zur **Place de la Halle.** Alles Weitere ist bestimmt von der Frage, ob Rummel, Souvenirshops und überlastete Cafés Sie davon abhalten können, die architektonische Schönheit einer außergewöhnlichen Bastide zu genießen.

Bett in der Bastide

Logis à Domme

Die sehr netten Gastgeber Hélène und François Passebon sind mit ihrem Pensionsbetrieb schon mehrfach umgezogen, nun in dieses Haus aus dem 14.–17. Jh. mitten in der Bastide. Geräumige Zimmer, ein teils antikes Innendekor und der Garten mit Blick auf die Dordogne garantieren einen angenehmen Aufenthalt.

1, pl. Porte Delbos, T 06 88 30 70 27, http://1logisadomme.fr, 4 Zimmer | €€€ (Mindestbuchung 2 Tage)

Hochsitz über der Dordogne

L'Esplanade

Die einen begeistern die Zimmer mit ihrem geschmackvoll-antiken Interieur, die anderen kommen der lokalen Küche wegen. Beide eint die Überzeugung, dass die Panoramaterrasse mit einer unübertrefflichen Lage aufwartet. Um den Blick auf die Dordogne beim Abendessen hinreichend genießen zu können, sollten Sie schon früh den geeigneten Tisch reservieren.

2, rue Pontcarral, T 05 53 28 31 41, www.esplanade-perigord.com, Nov.–März geschl. | €€,

15 Zimmer, Restaurant im Sommer Mo mittags, sonst Mo/Di geschl. | €€€

Klassische Küche in der Bastide

Cabanoix et Châtaigne

Ente und Stopfleber – Sie kommen aus der Nummer so schnell nicht raus. Zumindest erhalten Sie in diesem Restaurant im Herzen der Bastide auf Wunsch auch Glutenfreies. Angenehm ist der schattige, leider kleine Innenhof.

3, rue Geoffroy de Vivans, T 05 53 31 07 11, http://restaurantcabanoix.com, Di/Mi geschl. | €€

Authentisch und handfest

Auberge de la Borie Blanche

Die Auswahl ist klein, die Qualität groß. Nur 6 km von Domme entfernt liegt der Bauernhof von Christine und Alain, die ihre eigenen Produkte auf den Tisch bringen: Rind vom Grill, Käse und je nach Jahreszeit auch ein Steinpilzomelette.

La Borie Blanche (über D 46E3 oder D 50 zu erreichen, Richtung Osten), T 06 50 32 18 05, Nov.–Ostern geschl. | €

Was für kahle Wände

Atelier Moulia

Nach Feinkostläden, Kleidung und Schmuck in der Einkaufsstraße Grand'Rue darf der Blick auch mal in eine Galerie wandern. Öl, Aquarell und Porzellan sind im Angebot.

4, rue du Vieux Moulin, T 05 53 28 78 51, https://moulia.com

Aus der Luft

Aéro-Club du Sarladais

Von oben bieten Dordogne, Schlösser und Bastiden besonders reizvolle Anblicke. Rundflüge 15, 20 oder 30 Min. zum Preis ab 85 € für zwei Pers.

Aérodrome Sarlat-Domme, T 06 76 73 40 11, https://aeroclubdusarladais.fr

Abenteuerspielplatz für alle

Labyrinthe de l'Ermite

Rund 12 km nordöstlich von Domme, umkreist vom Cingle de Montfort, befindet sich als netter Familienspaß ein Labyrinth im Maisfeld, dessen Gänge jährlich neu geschnitten werden.

Turnac, Zufahrt über die D 50 nach Groléjac, T 05 53 59 53 87, https://labyrinthedelermite.com, Mitte Juni–Mitte Sept. tgl. 10–19 Uhr, 9 €

Infos

Office de Tourisme: Pl. de la Halle, 24250 Domme, T 05 53 31 71 00, www.perigordnoir-valleedordogne.com

IN DER UMGEBUNG

In Kehren um den Fluss

Nur 5 km nördlich von Domme ist **Vitrac** mit seiner Kanubasis (🗺 F 5; www.canoes-loisirs.com) und einem kleinen Naturstrand ein prächtiges Ziel für einen Tag rund ums Wasser. Im Ort kann man beim Holzschnitzer Alain Gorlier stöbern (Moulin Haut, auf Facebook) oder sich die Zeit im Galerie-Café des Arts (École Buissonière, Le Bourg) vertreiben. Das nahe **Château de Montfort** (🗺 F 5) ist nicht öffentlich zugänglich, aber ein imposanter Wächter über eine weitere Dordogne-Schleife, den Cingle de Montfort. Zu Lotus und Seerosen geht es in die **Jardins d'eau** (🗺 G 5) mit einem Wasserlabyrinth. Kommen Sie vor 17 Uhr, um die volle Blüte zu erleben (St-Rome, Carsac-Aillac, T 05 53 28 91 96, www.jardinsdeau.com, Mai–Juli tgl. 10–19, Aug. 10–18.30, Sept. 11–18 Uhr, 8,50 €).

Schloss auf Vordermann

Groléjac an der nächsten Brücke über die Dordogne ist Tor zu dem 8 km weiter östlich bei Ste-Mondane gelegenen **Château de Fénelon** (🗺 G 5). Der ehemalige Katharersitz war 1651 Geburtsort von François de Salignac de la Motte Fénelon, Erzieher am Hof von Ludwig XIV., Erzbischof von Cambrai und Schriftsteller. Fénelons »Télémaque« war ein viel gelesenes Jugendbuch am Beginn der Aufklärung. Sein Schloss ist hervorragend erhalten, vor allem die Freitreppe mit darüber liegender Dachterrasse geht als Postkartenmotiv durch.

https://chateau-fenelon.fr, Juli/Aug. So–Fr 10.30–18.30, April–Juni, Sept. So/Mo, Mi–Fr 10.30–12.30, 14.30–18.30, Okt. So/Mo, Mi–Fr 14–17 Uhr, 11 €

Kanu oder Gabarre? – **Flussvarianten bei La Roque-Gageac**

Sollten Sie es vergessen haben: Wir sind unterwegs zu Schlössern. Und wollen unseren Urlaub nicht mit Schlossbesuchen überfrachten. Der goldene Mittelweg könnte darin bestehen, einige Châteaux mal nur als Kulisse vom Fluss aus zu betrachten. Sie müssen nicht hinein, keine Ahnengalerien in Öl und keine Sitzmöbel des Allongeperücken-Adels anschauen. Sie gleiten einfach auf dem Fluss an den Burgen vorbei.

Das österreichische Hallstatt haben die Chinesen kopiert, hätten mit gleicher Berechtigung aber auch **La Roque-Gageac** 1 nachbauen können. In gerader Zeile entlang der Dordogne sind die Häuser der knapp 500 Einwohner pittoresk aufgereiht, von oben drückt machtvoll der steile Fels. Bestimmt fehlt nicht viel, dann ist dieses Panorama samt Palmen und Bananenstauden einfach weggeknipst von den Millionen Handykameras. Gerne möchte man den Bildern bedeutende Worte über den Ort beifügen. Aber was da in seiner Gesamtheit so eindrucksvoll auftrumpft, bleibt in der Lupenansicht mager. Hinter dem Manoir de Tarde, einst Wohnhaus des Klerikers und Wissenschaftlers Jean Tarde (1561–1636), gibt es eine Leiter zum Fort Troglodytique, das im Mittelalter als letzte Zuflucht diente. Das war's.

Wehe, wehe, der Wels kommt!

Der alte Hafen von La Roque-Gageac ist das reinste Filetstück in diesem Gewerbe, stets umdrängt von Touristen. Die Fahrt in den ›Gabarres‹ ist deutlich bequemer geworden, seitdem die Boote mit Motoren ausgestattet sind und nicht mehr wie einst flussaufwärts vom Treidelpfad aus gezogen werden. Stromschnellen und andere Tücken, wie sie etwa bei Lalinde warten (▶ S. 59), sind hier nicht zu befürchten. Da stürzt man schon eher von Bord und wird von einem Wels gefressen. So erzählen es sich jedenfalls die ›Gabarriers‹.

Neun Folgen lang walzte die Fernsehverfilmung von Christian Signols »La Rivière Espérance« eine Familiensaga rund um die Dordogne-Schifffahrt aus. Weil die meisten der alten Boote, die ›Gabares‹ bzw. ›Gabarres‹, abgewrackt worden waren, nachdem die Eisenbahn den Frachtverkehr übernommen hatte, wurden fürs Fernsehen neue Kähne nach dem Vorbild des 18. Jh. gebaut. Die schwarze Farbe haben sie ebenso bewahrt wie die flachen Böden, die die Ladung sicher hielten und nicht so leicht auf Grund liefen. Findige Geschäftsleute erkannten die Chance, die TV-Nachbauten später für nostalgische Flussrundfahrten einzusetzen.

Schlösser per Paddel

Falls Sie überleben, nehmen Sie die herrlichsten Bilder mit nach Hause. Es beginnt mit **Château de la Malartrie** 2, einem historisierenden Gebäude aus dem 19. Jh., das für Hochzeiten vermietet wird. Die **Gärten von Marqueyssac** 3 gestatten von unten keine Einblicke, doch werden wir noch sehen, wie blendend von oben die Aussicht auf La Roque-Gageac ist (▶ S. 85). Weiter flussabwärts stehen sich **Château de Castelnaud** 4 (▶ S. 85) und **Beynac** 5 (▶ S. 84) als alte Streithähne gegenüber.

An Bord der ›Gabarre‹ treten Sie dann wieder die Rückfahrt an. Mittlerweile sind Ihnen aber längst die Paddler aufgefallen, die auf Kanus allesamt flussabwärts fahren. Mietstationen gibt es reichlich, auch in La Roque-Gageac. Man kann von dort erst einmal ein Probestück bis Les Milandes wählen (2 Std.), wo das Kanu abgeholt wird. Meistens hat einen danach aber das Fieber gepackt und man will immer neue Abschnitte der Dordogne und ihrer Nebenflüsse erkunden.

Das ganz große Ding ist die Fahrt durch die Lüfte mit dem Fesselballon. Am Ortsende von La Roque-Gageac bietet **Périgord Montgolfière** ganzjährig genau dieses ein- bis zweistündige Abenteuer an (Clos Saint-Donat, T 05 53 28 18 58, www.montgolfiere-du-perigord.com, ab 215 €).

INFOS/ÖFFNUNGSZEITEN

Office de Tourisme: Bourg, 24250 La Roque-Gageac, T 05 53 31 45 45, c/o https://de.sarlat-tourisme.com

PADDELN ODER GEPADDELT WERDEN …

Gabares Norbert: Bourg, La Roque-Gageac, T 05 53 29 40 44, www.gabarres.com, 1-stdg. Rundfahrten April–Okt., 11,50 €

Canoë Vacances: La Roque-Gageac, T 05 53 28 17 07, www.canoevacances.com, April–Sept., Strecke La Roque-Gageac–Les Milandes 18 €/Pers.

FÜR JEDEN ETWAS

Wer nur einen Snack auf die Hand möchte, wird in La Roque-Gageac in der **Sandwicherie Sur Le Pouce** fündig (189, prom. de la Batellerie). Ländliche Köstlichkeiten in üppiger Menge gibt's im Örtchen in der **Auberge Le Colombier** (D 703, T 05 53 28 33 97 | €).

Faltplan: F 5

Meister der Form: Geschnitten wird im Garten von Marqueyssac fast täglich. Das Ergebnis sind tadellose Köpfe zwischen organisch und geometrisch.

Beynac-et-Cazenac 🕮 F 5

Restaurantterrassen am Fluss sind das Empfangskomitee, von dort führt ein steiles Sträßchen hinauf zur Burg, die so imposant über der Dordogne thront, dass sich Beynac samt seinem Gegenüber Castelnaud am anderen Ufer (▸ S. 85) in die vorderste Riege der hiesigen Besucherziele geschoben hat. Der Ort am Fuß der Festung hat gerade mal 500 Einwohner und entsprechend wenig Häuser. Die aber sind von respektablem Alter, nämlich teils noch Greise aus dem 15. Jh.

Das Beste liegt oben

Der Weg zum **Château de Beynac** ist von parkenden Autos aus allen Ländern gesäumt, unverkennbares Zeichen für die Beliebtheit der Festung. Besichtigen kann man sie mit Führung oder mit einer Broschüre in der Hand und ist – so oder so – erst zufrieden, wenn man die Höhe des Wehrturms *(donjon)* erreicht hat, um von oben wieder aufs Tal zu schauen. Solche Türme sind typisch für die Zeit um 1200, als Richard Löwenherz Hausherr war. Später gaben sich Franzosen und Engländer die Klinke in die Hand. Gewölbe und Kamin in der *grande salle* und gotische Fresken im Oratorium zählen zu den Aushängeschildern der Burg, die Regisseur Luc Besson 1999 als Schauplatz für die Verfilmung der »Johanna von Orléans« wählte.

T 05 53 29 50 40, http://chateau-beynac.com, tgl. 10–19 Uhr, im Winter bis zum Einbruch der Dämmerung, 11,50 €

Träume unterm Baldachin

Domaine du Château de Monrecour

Man käme ohne gebuchte Adresse für die Nacht aus, weil die umliegenden Orte genügend Varianten bieten. Wenn man allerdings ganz dicht bei Beynac wohnen will, dann ist dieses Schloss oder sein

Anbau die unschlagbare Wahl. Himmelbett, Pool und Restaurant – kein Wunsch bleibt offen.

SAS TPL Boutiques, 24220 St-Vincent-de-Cosse, T 05 53 28 33 59, www.monrecour.com | €€€, im Anbau €€; Restaurant tgl. außer Mo mittags | Bistro €, Restaurant €€€

Köstliches vom Konservenmeister

Auberge Lembert

Ein paar Medaillen hat Lembert für seine Stopfleber und andere Produkte bereits abgeräumt. Hier serviert er das Gute auf eigener Terrasse mit Blick auf Château de Beynac. Lecker ist es, weicht aber in der Speisenwahl nicht vom Standard ab.

Le Capeyrou (über D 703), T 05 53 29 50 45, www.lembertfoiesgras.com, Juli/Aug. Do, Fr ganztägig, So–Mi nur mittags, Mitte April–Ende Juni, Sept.–Allerheiligen So–Fr nur mittags | €

Auf Du und Du mit der Höhenangst

Airparc Périgord

Barfuß zurück zu den Wurzeln – darum geht es bei einer der Attraktionen in diesem Abenteuerpark. Der Rest erfordert mehr Mut: an der Zipline über den Fluss sausen, vom Riesensprungturm auf eine große Luftmatratze stürzen, sich an Seilen durch Baumkronen hangeln.

Port d'Envaux, St-Vincent-de-Cosse (über D 703), T 06 33 81 26 90, www.airparc-perigord.com, Juli/Aug. tgl. 10–19, April–Juni, Sept./Okt. Sa/So 10–19 Uhr, 8 € und Zuschlag für einzelne Attraktionen

Treideln war gestern

Gabarres de Beynac

Die Miete eines Kanus ist in Beynac nicht spannender als in La Roque-Gageac (▸ S. 82), weil man sowieso dorthin gebracht wird, um die Paddeltour entlang der Schlösser zu starten. Die ›Gabarres‹ schlagen den Zirkel vom Startpunkt Beynac aus.

Abfahrt gegenüber der Post, Le Bourg, T 05 53 28 51 15, www.gabarre-beynac.com, Mai–Sept. 10–18 Uhr alle 20 Min., April, Okt. 11–17 Uhr jede Stunde, 9,50 €

Infos

Office de Tourisme: La Balme, T 05 53 31 45 45, www.sarlat-tourisme.com

In der Umgebung

Nussig im Abgang

Mit Schließung des Parc Archéologique verblieb im Umkreis der Burg keine weitere Attraktion. Doch im Nachbarort Vézac lohnt eine Besichtigung der **Moulin du Trel** (🕮 F 5), einer Mühle, in der nach alter Tradition Nussöl produziert wird. Bei der Herstellung darf man zusehen.

Le Treuil, Vézac, T 05 53 31 21 52, http://lemoulindutrel.com, Mo–Sa 10–12, 13–18 Uhr, Eintritt frei

Wie aus einer anderen Welt

Zu den Top-Adressen für Gartenliebhaber zählen die 22 ha großen **Jardins suspendus de Marqueyssac** (🕮 F 5) an der D 703. Nicht André Le Nôtre selbst, der berühmte Meister des Sonnenkönigs, aber einer seiner Schüler schuf diese ›hängenden Gärten‹, deren Heckenschnitt das Gelände formt. Im Eingangsbereich nehmen die Gebilde kugelig-abstruse Gestalt an, die je nach Lichteinfall von anderer Welt sein könnte. Der Salon de Thé bietet einen grandiosen Blick auf Schloss Beynac, während man von der Panoramaterrasse im hinteren Parkbereich auf La Roque-Gageac schaut.

T 05 53 31 36 36, www.marqueyssac.com, Juli/Aug. tgl. 9–20 Uhr, Do Kerzennacht gegen Aufpreis, April–Juni, Sept. 10–19, Febr./März, Okt.–Mitte Nov. tgl. 10–18, Mitte Nov.–Ende Jan. 14–17 Uhr, 12,90 €, Kombiticket mit Castelnaud (s. u.) 24 €

Kriegsmaschinerie der Katharer

Albigenserkrieg nennt man einen mittelalterlichen Kreuzzug im eigenen Land, den der Hof von Paris offiziell gegen die andersgläubigen Katharer und deshalb mit Unterstützung des Papstes führte. Inoffiziell ging es darum, das Machtzentrum Albi und seine Verbündeten in Okzitanien zu zerschlagen. Auch die Herren von **Château de Castelnaud** (🕮 F 5) standen im frühen 13. Jh. als Katharer im Fadenkreuz der Angreifer. Das Schloss wurde geschleift, musste hernach neu aufgebaut werden und

Kanus zur Miete sind der geläufige Anblick an den Ufern der Flüsse und geben knallige Farbtupfer in bizarre Landschaften.

wechselte dann ebenso wie Beynac zwischen englischen und französischen Besitzern. Die Kriegsführung des Mittelalters ist Thema des schlosseigenen Museums. Die Katapulte auf dem Dach sollen auch dazu gedient haben, Gefangene ins Jenseits zu schicken. Die Rückfahrt nach Beynac empfiehlt sich über **Château Les Milandes** (▸ S. 88) und **Château de Fayrac** (15. Jh., nur Außenbesichtigung).

http://castelnaud.com, Zeiten wie Jardins de Marqueyssac (▸ S. 85), im Juli/Aug. Mo–Do 20.15 und 22 Uhr Historienspektakel, 12,90 €, Historienshow 18 € bzw. in Kombi mit Schloss 25 €

Belvès E 5

Wein … war einmal. Ohne die Reblaus würde es heute womöglich keinen Rioja geben, denn erst der verheerende Befall durch den eingeschleppten amerikanischen Parasiten führte im 19. Jh. zur Abwanderung französischer Winzer nach Spanien. Für Dörfer wie Belvès bedeutete es das Ende der Önologie. Die Bewohner des traditionsreichen Ortes wechselten zu Tabak und Mais, später Walnüssen, Maronen und Obst. Bei allem Wandel erhielt sich die Treue zur Landwirtschaft – und zum Dorfleben der ›guten alten Zeit‹. Lohn ist die Tatsache, dass Belvès, in hübscher Lage auf einer Bergkuppe, zu den ›Plus beaux villages de France‹ gerechnet wird.

Schaustück der Siedlungsgeschichte

Bastiden haben wir als Schachbrett-Orte erlebt. Belvès liefert die runde Variante. Es gibt Gründe. Das Dorf nämlich ist weit älter als der Hundertjährige Krieg, bestand bereits in der typisch frühmittelalterlichen Form eines Rundlings mit Kastell und Wehrmauer und wurde erst im Zuge des englisch-französischen Siedlungswettstreits neu um einen Marktplatz sortiert. Zu den sieben Türmen, die der Ort als touristisches Aushängeschild anführt, gehört ein **Wehrturm** aus dem 11. Jh., in dessen Schutz viele Bewohner von Belvès in Höhlen, den *Habitations troglodytiques*, lebten (Führung über das Office de Tourisme, s. u.). Adresse eines anderen Turms, der **Tour du Guet,** ist die Rue du Bout du Monde – die ›Straße am Ende der Welt‹, dem man sich hier offenbar nahe wähnte.

An den Pranger mit dir …

Die italienische Renaissance am **Hôtel Bontemps** ist quasi Blendwerk, denn hinter der Fassade verbirgt sich ein Haus aus dem 12. Jh. Nur wenig jünger ist ein **Kloster,** das heute als Stadthalle dient. Ab dem 15. Jh. kamen die **Maison des Consuls** (heute Office de Tourisme) und die hölzerne **Markthalle** hinzu. Ein Pfeiler dieser Halle, auszumachen an der schweren Kette, wurde als *pilori* genutzt. Was so putzig klingt, war eine unangenehme Einrichtung, nämlich der Pranger, an dem wahre oder vermeintliche Missetäter zwei, drei Tage zum Begaffen, Bespucken und was noch alles freigegeben waren.

Lieber Küche als Kammer

Le Home

Wenn irgendwas unter Gästen einhellige Zustimmung findet, dann das Urteil, dass man in diesem Haus glänzend speisen kann, aber nicht dort übernachten sollte. Auf den Tisch kommen die gängigen lokalen Spezialitäten, mithin reichlich Entengerichte, allerdings auch Forelle – Bio, wie die Speisekarte vermerkt.

3, pl. Croix des Frères, T 05 53 29 01 65, www.lehomedebelves.fr, Fr abends und So geschl. | €€, im angeschlossenen Hotel 10 Zimmer | €€

Marché

Neben dem samstäglichen **Wochenmarkt** wird im Sommer mittwochs ein **nächtlicher Markt** abgehalten, bei dem man an Tischen gesellig um die hölzerne Halle sitzt und das verspeist, was es an den Ständen ringsum zu kaufen gibt.

Infos

Office de Tourisme: 1, rue des Filhols, T 05 53 29 10 20, www.perigordnoir-valleedordogne.com

In der Umgebung

Marktfleck im Verborgenen

Wer samstags den Wochenmarkt in Belvès verpasst hat, wechselt einfach am Sonntag nach **St-Cyprien** (🕮 F 5), 15 km nördlich am anderen Ufer der Dordogne gelegen, nur nicht gar so attraktiv geraten. Die Altstadt mit einer Abtei aus dem 12.–17. Jh. hat sich hinter die moderne Geschäftsstraße Rue Gambetta zurückgezogen und bleibt in ihrem Schatten allzu verschlafen, um nicht leblos zu sagen. Ein Spaziergang öffnet dennoch den Blick auf hübsche Architekturdetails.

Les Eyzies-de-Tayac 🕮 E 4

Man müsste ihn nur in einen Anzug stecken, dann fiele er selbst im Büro nicht weiter auf. Das sagen die einen über den Cro-Magnon. Anderen ist offenbar nicht wohl bei dem Gedanken, dass ein Mensch der letzten Kaltzeit so eng mit uns verwandt sein soll. Sie ziehen das Bild eines Wurzelmännchens vor, dem man außer Kraft nicht viel zutrauen wurde. Gehen Sie selbst auf die Suche nach einschlägigen Nippesfigürchen beim Spaziergang durch den 800-Seelen-Ort Les Eyzies zwischen Felswand und Vézère.

Leben im Überhang

Die Avenue de la Préhistoire führt Sie, vorbei an Museum und Ausgrabungsgelände des **Abri Pataud** (20, rue du Moyen-Age, bei Redaktionsschluss geschl., Zeiten zuletzt Juli/Aug. tgl. 10–13, 14–18, April–Juni, Sept.–Mitte Okt. Mo–Fr 10–12, 14–18 Uhr, 5 €), zum Hotel Cro-Magnon, dort rechts in den Chemin Cro-Magnon und zum **Abri Cro-Magnon.** Die Häufung des Begriffs Cro-Magnon beruht darauf, dass dieses einstige Grundstück eines Monsieur

Bakers Bananenröckchen – **Besuch auf Château Les Milandes**

Der Audioguide ist obligatorische Gabe an der Kasse. Wer ihn nutzt, wird sogleich erschlagen von einer schier endlosen Familiensaga. Dabei genügt es vollauf zu wissen, dass Château Les Milandes 1489 gebaut wurde. Denn der spannende Teil der Schlossgeschichte beginnt erst 1938 mit dem Revuestar Josephine Baker.

Politische Korrektheit war nicht die Stärke des Pariser Varietétheaters Folies Bergère. Völlig unbekümmert entwickelte dort der Grafiker Paul Colin die Idee zu einem Kleidungsstück, das uns als Krone rassistischen Gedankenguts erscheinen will. Dieses Stück Stoff hat seinen Weg in den ›Grand Salon des Robes‹ von **Château Les Milandes** 1 gefunden und stellt unter allen dort gezeigten Kostümen am lautesten die Frage nach dem Wesen seiner Trägerin: das Bananenröckchen, in dem Baker ab 1926 den »Täglichen Wahnsinn« (»La Folie du Jour«) tanzte.

Lass uns dein Badewasser schlürfen

Ob Josephine mit sich spielen ließ oder umgekehrt sie mit dem Publikum spielte, bleibt der Deutung überlassen. Keine Frage ist derweil, dass Pepito Abatino, einer ihrer fünf Ehemänner, die perfekte Vermarktung von Erotik und Exotik beherrschte und Baker sich auf alle Possen einließ. Vom Haarfestiger ›Bakerfix‹ bis zur Hauttönungslotion ›Bakerskin‹ sind im Schloss allerlei Produkte versammelt, mit denen der Star Kasse machte. 1938 mietete Baker Schloss Milandes, neun Jahre später kaufte sie es und stellte das Interieur auf den Kopf. Kaum ein Saal macht das so deutlich wie das ›Schwarz-Goldene Badezimmer‹. Bis heute beflügelt es die Fantasien so sehr, dass es wegen allzu häufiger Diebstahlversuche nur noch durch Glaswände betrachtet werden darf. Das dort verfügbare Wasser aus der Leitung war ebenso wie Strom eine Errungenschaft, die Baker erst möglich machte – erstmals im Périgord auch für das nahe Dorf Les Milandes.

Das Spiel mit dem Wasser ist eine Besonderheit des **Schlossgartens** 2 von Château Les Milandes. Er wurde im frühen 20. Jh. von Jules Vacherot (1862–1925) angelegt und bis 2016 aufwendig restauriert. Auf Vacherot, den Chefgärtner der Stadt Paris, gehen auch die Gartenanlagen um den Eiffelturm zurück.

Aktivistin, Philanthropin, Sexsymbol

Das Leben auf Milandes, insbesondere zu Kriegszeiten, verlieh den Verrücktheiten der Goldenen Zwanziger eine gewisse Erdung, der sich die obere Etage des Schlosses widmet. Unter einem beeindruckenden Dachstuhl macht die ›Salle de la Résistance‹ mit Bakers Einsatz für den Widerstand, ihrer Zeit als Kriegspilotin und ihrem Bemühen um jüdische Flüchtlinge vertraut. Das ›Zimmer von Akio‹ erinnert an ihre ›Regenbogenfamilie‹, die sie ab 1950 um sich scharte: zwölf Waisenkinder aus fünf Erdteilen, die auf Milandes neues Glück erfahren sollten. Im Zuge jahrelanger Renovierung des Schlosses wurde im Turmzimmer dann aber doch noch einmal der Zeit im Folies Bergère gedacht. Umgeben von Aktfotos, die Colin von der »schwarzen Perle« aufnahm, räkelt sich eine lebensechte Puppe in Erinnerung an den Charleston, der mit Augenrollen und einem Wechsel von X-O-Beinen Synonym für die Wildheit der 1920er war.

Diese Zeichnung zeigt Josephine Baker 1930 in einem ihrer gewagten Kostüme, für die sie berühmt war.

INFOS/ÖFFNUNGSZEITEN

Château Les Milandes 1: 24250 Castelnaud-la-Chapelle, T 05 53 59 31 21, www.milandes.com, Mitte Juli–Ende Aug. tgl. 9–20, Mai–Mitte Juli, Sept. 9.30–19, April, Okt. 9.30–18.30, Mitte Febr. –Mitte März 14–18, Anfang–Mitte Nov. 10–18, Mitte Nov.–Mitte Dez. 14–17.30 Uhr, 13,50 €. Raubvogelschau (im Eintritt enthalten) Juli/Aug. 11.15, 14.30, 16, 17.30, April–Juni, Sept. 11.15, 15, 16.30, Okt. 11.15, 15.30 Uhr

---

SAISON FÜR GUTES

Ein erlesenes Mittagsmahl mit Leckereien der Region erhält man von April bis Anfang November in der schlosseigenen **Brasserie** 1 (12–15, Juli/Aug. bis 16 Uhr).

Faltplan: F 5

IM STEMPELFIEBER

Der Cro-Magnon und seine Erben können einen teuer zu stehen kommen, wenn man an allen Fundstätten im Vézère-Tal Eintrittsgeld zurücklässt. Zumindest gibt es einen **Pass Découverte** mit Sparmöglichkeit: zwei Stätten zum Normaltarif, fünf weitere mit Preisnachlass, die achte gratis. Der Nachweis erfolgt per Stempel. Stationen sind Abri Cro-Magnon, Préhisto Parc, La Roque-St-Christophe, Grottes du Roc de Cazelle, Grotte du Sorcier, Maison Forte de Reignac sowie abseits vom Vézère-Tal Manoir de Gisson in Sarlat und Dino Parc im Département Lot-et-Garonne.

Magnon eine bedeutungsschwere Fels-›Spalte‹ (okzitan.: *cro*) besitzt. 1868 kamen darin Skelette von drei Männern, einer Frau und einem Säugling zutage, die nach den Grabbeigaben auf ein Alter von knapp 28 000 Jahren datiert wurden. Später entdeckte man andernorts wesentlich ältere Exemplare (etwa 40 000 Jahre), aber Les Eyzies war die erste Fundstätte. Im Unterschied zu den aussterbenden Neandertalern, mit denen es noch zu Paarungen kam, verzehrten Madame und Monsieur Cro-Magnon neben Fleisch auch Fisch, in diesem Fall aus der Vézère. Die vollständig nomadische Lebensweise wich einer Teilsesshaftigkeit. Als Wohnstätten dienten Felsüberhänge, in Frankreich *abris* genannt, die nach Absinken des Flussbetts heute erhöht im Tal liegen. Um den an sich faden Abri Cro-Magnon aufzuwerten, wurde er inzwischen multimedial und sehenswert aufbereitet (T 05 53 13 58 54, www.abri-cromagnon.com, Juli/Aug. tgl. 10–19, April–Juni, Sept. bis 18.30 bzw. 18 Uhr, 7,50 €).

Schamlose Venus

Zeit ist Geld – und leider verlangt Ihnen die Begegnung mit dem Frühmenschen beides ab: viele Euro Eintritt und beträchtlichen Aufwand mit Voranmeldungen. Denn wo ehedem vier oder fünf Cro-Magnons in beengten Grotten schabten, stehen heute Busladungen von Touristen, um die Ergebnisse der Schaberei oder Malerei zu betrachten. Sie sollten also Vorausbuchungen vornehmen und auch auf Enttäuschungen gefasst sein. Erste Station ist die **Grotte du Sorcier,** zu der man am nördlichen Ortsausgang hinter der Vézère-Brücke links von der D 47 abbiegt. Die Gravuren, 15 000 bis

Farbzauber wie aus einer anderen Welt: Ein Lichtstrahler wirft einen künstlichen Mond auf die Wand des Museums von Les Eyzies, die untergehende Sonne liefert dazu das Kontrastprogramm.

17 000 Jahre alt, zeigen Tiere, aber auch drei menschliche Figuren, darunter der namengebende ›Zauberer‹, *sorcier* (T 05 53 07 14 37, c/o https://de.sarlat-tourisme.com, Eintritt und Zeiten wie Abri Cro-Magnon, s. links). Zurück an der D 47, gelangt man nach knapp 2 km zur Tropfsteinhöhle **Grotte du Grand Roc,** die mit dem **Abri de Laugerie-Basse** eine Einheit bildet (T 05 53 05 65 60, Juli/Aug. tgl. 10–19.30, April–Juni, Sept./Okt. 10–13, 14–18, Nov./Dez., Febr./März Di–So 10–13, 14–17 Uhr, Grand Roc 8,60 €, Abri 8,70 €, Kombiticket 12,30 €). Von den vielen Fundstücken aus dem *abri* galt die rund 16 000 Jahre alte »Venus impudique« (»Schamlose Venus«) als Sensation. 1864 entdeckt, war die heute kopflose Elfenbeinfigurine die erste steinzeitliche Frauenstatuette, die in Frankreich gefunden wurde. Nachdem die Artefakte auf Museen verteilt sind, hält sich der Erlebniswert eines Grottenbesuchs in Grenzen, auch beim 500 m nördlich gelegenen **Abri de Laugerie-Haute,** der überhaupt nur via Font-de-Gaume (s. rechts) besichtigt werden kann. Es lohnt aber die Weiterfahrt nach **La Madeleine** und darüber hinaus (▸ S. 95).

Besuch mit Hürden

Wer provinziell-nostalgischen Charme mag, wird vom Kassenhäuschen der **Grotte de Font-de-Gaume** begeistert sein. Hat man sich aber erst einmal in der Warteschlange die Beine in den Bauch gestanden, kann man das windschiefe Ding nicht mehr sehen. Grund für den zähfließenden Besucherverkehr ist die Tatsache, dass in der 120 m langen Felsgalerie prähistorische Wandmalereien warten, die wegen ihrer Anfälligkeit nur von 80 Besuchern täglich betrachtet werden dürfen – Tendenz sinkend. Alle anderen stehen aus Unwissenheit in der Schlange oder möchten sich für einen kommenden Termin anmelden, was aber nicht möglich ist. Nur wer es schon um 9 Uhr versucht, kann noch auf Erfolg am selben Tag hoffen. Diese harten Bedingungen gelten auch für die **Grottes des Combarelles** und den **Abri de Cap Blanc** weiter östlich an der Straße, die beide ebenfalls über dieses Kassenhäuschen gebucht werden. Zu sehen sind in Font-de-Gaume (1 km vom Museum in Les Eyzies, http://font-de-gaume.monuments-nationaux.fr) vor allem Zeichnungen von Bisons, Pferden und Mammuts, in Combarelles (3 km) Steinritzungen von Pferden und im Abri de Cap Blanc (8 km) ein 14 m langes, einst koloriertes Hochrelief mit sechs Pferden.

Infos für alle drei Sehenswürdigkeiten: www.sites-les-eyzies.fr

»Aphrodite von Knidos« ist ein berühmtes Werk des griechischen Bildhauers Praxiteles aus dem 4. Jh. v. Chr. Die nackte Schöne wird auch als »Venus pudica« (»Schamhafte Venus«) bezeichnet, weil sie verstohlen ihre Scham bedeckt. Ganz anders eben die viel ältere Figurine aus Les Eyzies. 30 Jahre nach ihrem Fund kam der französische Archäologe Édouard Piette auf die verwegene Idee, es gebe anatomische Parallelen zwischen prähistorischen Menschen und angeblich primitiven Völkern der Moderne. Als Beweis führte er Sarah Baartman an, eine Khoikhoi, die 1810 von Afrika nach Europa verschleppt wurde, um sie in Zoos auszustellen. Die Unglückliche gelangte in Frankreich als »Venus hottentote« zu großer Bekanntheit.

Wo der Frühmensch jagte, schlief und starb

Mit der Felsenfestung Tayac hat das prähistorische Museum von Les Eyzies bereits 1913 ein wundervolles Zuhause gefunden. Seit der Erweiterung zum **Musée national de la Préhistoire** durch den Architekten Jean-Pierre Buffi ist daraus bis 2004 ein äußerst attraktives Haus mit der weltweit wohl bedeutendsten Sammlung vorgeschichtlicher Funde geworden. Beim Aufstieg über die Etagen schließt man Bekanntschaft mit Nachbildungen und Skeletten von Frühmenschen, mit ihrer Kultur, ihrem Jagdwild, mit Werkzeug und Waffen, die das Tagwerk ermöglicht haben – bis der Cro-Magnon vor etwa 12 000 Jahren mit der Jungsteinzeit aus Europa verschwand.

1, rue du Musée, T 05 53 06 45 45, http://musee-prehistoire-eyzies.fr, Juli/Aug. tgl. 9.30–18.30, Juni, Sept. Mi–Mo 9.30–18, sonst Mi–Mo 9.30–12.30, 14–17.30 Uhr, 6 €

Wohltat am Wasser

Moulin de la Beune

So eine hübsch verwunschene Mühle am Ufer der Beune schlägt jede Adresse im geschäftigeren Ortskern. Die geschmackvolle Einrichtung der allesamt unterschiedlich gestalteten Zimmer, der Garten und die gute regionale Küche im ehemaligen Mühlengebäude liefern alle noch fehlenden Argumente für dieses Haus.

2, rue du Moulin, T 05 53 06 94 33, www.moulindelabeune.com/fr, 20 Zimmer, Mitte Okt.–Mitte April geschl. | €€€, Restaurant Di geschl. | €

Traditionelles auf der Terrasse

Au Coup de Silex

Es ist die Adresse, die es eigentlich nicht geben kann: gleich gegenüber dem Museumseingang und damit direkt am Touristenstrom gelegen, mit bester Aussicht von der Terrasse – und doch mit unermüdlich freundlichem Service. Das Personal kennt auch die Wünsche der Stammgäste. Gute lokale Küche einschließlich der inzwischen selten angebotenen *pommes de terre à la Sarladaise*.

4, rue du Musée, T 05 53 05 14 29, Mitte Nov.–Ende März geschl., in der Vor- und Nachsaison Mo mittags und Di geschl. | €

Wochen-, Nacht- und Alltagsmarkt

Marché

Außer Feinkost haben die Geschäfte des Ortes kaum Ansprechendes zu bieten. Frischware gibt es beim **Wochenmarkt** (Rue du Marché) montags vormittags. Im Juli/Aug. kommt freitags ein **Marché nocturne** hinzu. Den restlichen Bedarf deckt täglich die **Markthalle.**

Frei wie Tarzan und Jane

Les 3 Drapeaux

Die Vézère ist für Kanufahrten fast die idyllischere Adresse als die Dordogne. Gleich mehrere Unternehmen haben sich in Les Eyzies angesiedelt, doch für alle ist der Ort nicht Start, sondern Ziel einer Tour, die in Tursac (2 Std.), Peyzac-le-Moustier (3 Std.), St-Léon-sur-Vézère (4 Std.), Thonac (5 Std.) oder Montignac (6 Std.) beginnt. Anfahrt im Minibus.

La Patte d'Oie, T 05 53 06 91 89, http://canoes-3drapeaux.fr, 1 Pers. ab 22 €, 2 Pers. ab 38 €

Infos

Office de Tourisme: 19, av. de la Préhistoire, 24620 Les Eyzies, T 05 53 51 82 60, www.lascaux-dordogne.com; Öffnungszeiten aller Fundstätten, Fahrradverleih

Bahn: nach Sarlat, Périgueux und Limoges

IN DER UMGEBUNG

Der Kommissar und das tiefe Loch

Autor Martin Walker hat es sich selbst zuzuschreiben, dass sein Wohnsitz **Le Bugue** (E 4; 11 km südwestl. von Les Eyzies) von Krimifans heimgesucht wird. Die Tarnung des Ortes als St-Denis in den Bruno-Romanen genügt einfach nicht, um sich aus der Schusslinie zu halten. Es existieren am südlichen Dorfrand aber einige Attraktionen, die ohnehin Besucher locken. Allein das **Aquarium du Périgord Noir** mit 6000 Fischen ist seit der Erweiterung durch einen Alligatorpark das größte private Süßwasseraquarium Europas (https://aquariumperigordnoir.com, Juli/Aug. tgl. 10–21, April–Juni 10–18, Sept.–Nov. 12–18, Febr./März 13–18 Uhr, 17,90 €). Quasi als Beigabe für Kinder befindet sich dort auch das **Labyrinthe Préhistorique,** ein Cro-Magnon-Habitat nach Disney-Manier (www.labyrinthe-prehistorique.com,

Mit ›Aventure Plein Air‹ im Kanu unterwegs auf der Vézère – und glücklich über die unschlagbare Idylle

Juli/Aug. tgl. 10–21, April–Juni 10–18, Sept. 14–18 Uhr, 16,90 €). Gelungener scheint das Freilichtmuseum **Le Bournat,** nur dass dieses rekonstruierte ›Périgord-Dorf des Jahres 1900‹ sehr an Glaubwürdigkeit verliert durch die modern gekleideten Besucher der Gegenwart (www.parclebournat.fr, Juli/Aug. tgl. 10–19, Mi bis Mitternacht, April–Juni tgl. 10–18, Sept. Di–So 10–18 Uhr, 17–19 €). Weiter südlich, jenseits des linken Vézère-Ufers, lockt schließlich noch der **Gouffre de Proumeyssac** (🕮 E 5), nicht gar so spektakulär wie der berühmte Schlund von Padirac im Département Lot-et-Garonne, aber doch ein respektables ›Höllenloch‹ mit Tropfgestein, um das sich Legenden ranken. Statt über den Tunnel ins Innere abzusteigen, kann man auch die Gondel wählen. Seit der ersten Erkundung des Gouffre im Jahr 1907 gab es diese Einrichtung, damals von einem Pferd betrieben und nur für drei Personen ausgelegt. Die moderne Gondel befördert seit 2012 elf Personen senkrecht hinab in die schillernde Welt der Tropfsteine (über D 31E2, www.gouffre-proumeyssac.com, Juli/Aug. tgl. 9–19, April–Juni, Anf.–Mitte Sept. 9.30–18, Mitte Sept.–Okt., März 9.30–12, 14–17.30, Nov./Dez., Febr. 14–17 Uhr, 13,20 €, mit Abfahrt per Gondel 22,40 €).

Auf Geisterjagd

Vanilleeis, Schlagsahne und heiße Schokolade ergeben die ›Dame Blanche‹. Die ›Weiße Dame‹ erscheint hingegen auch in einer Legende um **Château de Puymartin** (🕮 F 5), 15 km südöstlich von Les Eyzies. Thérèse de Saint-Clar soll von ihrem gehörnten Ehemann im Nordturm eingesperrt worden und dort nach 15 quälenden Jahren gestorben sein. Und nun spukt sie. Seit dem 16. Jh. Sogar durch YouTube-Videos. Vor Ort gibt es derweil Führungen durchs Schloss mit Akzent auf dem Turmzimmer (www.chateau-puymartin.com, Juli/Aug. tgl. 10–18.30, April–Juni, Sept. 10–18, Okt.–Mitte Nov. 10–17.30 Uhr, 10 €). Die nahen **Cabanes du Breuil** (🕮 F 5) dagegen machen mit handfesterem Tagwerk alter Zeiten vertraut, nämlich mit der vielgestaltigen Architektur der traditionellen Bauernhütten aus Trockenmauern, den *cabanes* (www.cabanes-du-breuil.com, April–Sept. tgl. 10–20, Okt. 10–12, 14–19, Anf.–Mitte Nov. 14–18, 6 €).

St-Léon-sur-Vézère F 4

Deckname Chaban. Jacques Delmas, der von 1947 bis 1995 Bürgermeister von Bordeaux war, gehörte im August 1944 zu den Widerstandskämpfern, die auf Château de Chaban den Generalstab der Résistance in der Dordogne gründeten. Das damals heruntergekommene Schloss aus dem 15. Jh. steht hoch über der Vézère bei einem der ›Plus beaux villages de France‹: St-Léon-sur-Vézère.

Schön und bescheiden

Delmas hat seinen Decknamen zeitlebens behalten, während **Château de Chaban** sich kräftig wandelte. Es ist mittlerweile hervorragend restauriert und bekannt für seine Barockgärten wie auch für die umfangreiche Sammlung von Glasfenstern. Nur ist St-Léon nicht bekannt für dieses Schloss oder die Geschichte der Résistance. In hübscher Lage am Vézère-Ufer steht die romanische **Église St-Léon** mit einigen Fresken aus der Glanzzeit der Jakobspilgerschaft. Der Fluss, die engen Gassen und die Relikte des Mittelalters locken Touristen, zumal es schlichtweg schön ist, die Gastronomie des Ortes zu nutzen, um dort in aller Ruhe den Besuch der umliegenden Attraktionen vorzubereiten.

Es war 1975, als der 16. Gyalwa Karmapa, höchster Lama der tibetobuddhistischen Karma-Kagyü-Schule, mit zwei Begleitern in die Dordogne reiste. Diese Begleiter, Gendün Rinpoche und Jigme Rinpoche, blieben und bauten bei St-Léon-sur-Vézère das **Lehrzentrum Dhagpo Kagyü Ling** auf, das sich zum europäischen Hauptsitz der Karma-Kagyü-Linie entwickeln sollte. Gästen bietet es Meditation und Seminare an (Landrevie, T 05 53 50 70 75, https://dhagpo.org).

Den Wikingern die Felsenstirn geboten

Der Fluss und die Sprengkräfte der Eiszeiten waren es, die sich am Südrand der Gemeinde St-Léon in fünf Etagen und über 1 km an der Kalksteinwand entlang nach unten fraßen. Früheste Nutznießer der Komfortlage von **La Roque-St-Christophe** waren vor 55 000 Jahren die Neandertaler, gefolgt von Cro-Magnons. Während sie die Felswand nur vorübergehend aufsuchten, wurde La Roque ab etwa 3000 v. Chr. permanenter Wohnsitz. 976 wurde der Ausbau zu einer Felsenfestung angeordnet, die den Warentransport auf den Flüssen gegen marodierende Wikinger absichern sollte. Bis zu 1500 Menschen, mehr als in vielen modernen Dörfern der Dordogne, lebten damals auf der Plattform des großen *abri* (Felsüberhang) und in kleineren Nischen der mächtigen Wand. Balken, die in Felslöchern verankert waren, trugen die Dächer von dicht nebeneinander gesetzten Häusern. Heute stehen dort Nachbildungen diverser Schleudern, Kräne und Winden. Sie sollen vermitteln, wie die Festung verteidigt und versorgt wurde, indem man Geschosse nach unten feuerte und schützenswerte Lasten nach oben hievte. Das System funktionierte bis 1588, als La Roque in den Religionskriegen erobert wurde.

4 km südl., über D 66 zu erreichen, T 05 53 50 70 45, www.roque-st-christophe.com, Juli/Aug. 9.30–19.30, April–Juni, Sept. 10–18.30, übrige Monate bis 17/17.30/18 Uhr, 10,90–11,90 €

Spartanisch, preiswert, meditativ

Buddha Camp

Es existiert im Ort das sehr schöne Chambre d'hôte **Le Clos des Songes** (Pl. de l'Église, https://leclosdessonges.com), doch was wäre dagegen

einzuwenden, sich in dieser Oase des Frühmenschen einmal ganz naturnah zu geben? Gelegenheit dazu besteht in einem Haus aus dem Jahr 1930, das von den Buddhisten des Ortes unterhalten wird. Garten und Gemeinschaftsraum mit Kochmöglichkeit.
Peyzac-le-Moustier (6 km über D 706 oder D 66), T 06 98 44 46 34, www.buddha-camp.fr, 3 Zi. | Zimmer €, Frühstück und Teilnahme an den gemeinsamen (vegetarischen) Mahlzeiten €

Abgefahren rustikal
Le Déjeuner sur l'Herbe
In Anlehnung an Manets berühmtes Gemälde bittet Christèle Guerrier zur Mahlzeit im Gras. Auf dem Rasen bei der Kirche gibt es ihre ländlichen Köstlichkeiten vom warmen Brot über Probierteller bis zu Salatbergen und Nusskuchen. Auch lokal gebrautes Bier steht bereit.
Le Bourg, T 05 53 50 69 17, Juli/Aug. tgl. 9–21.30, März–Juni, Okt., Nov. So–Fr 10–19 Uhr | Imbiss €

Infos
Mairie: 24290 St-Léon-sur-Vézère, T 05 53 50 73 16, www.dordogne-perigord-tourisme.fr
Bus: über Peyzac-le-Moustier (La Roque-St-Christophe) nach Périgueux, über Montignac (Lascaux) nach Brive und Sarlat

In der Umgebung

Die Fahrt zu einer Epoche
Im Süden über La Roque-St-Christophe (▸ S. 94) hinaus führt die Fahrt entlang der Vézère zunächst zum **Préhisto-Parc** (F 4), einer kindgerechten Aufbereitung des frühmenschlichen Alltags (Tursac, T 05 53 50 73 19, www.prehistoparc.fr, Juli/Aug. 10–19.30, April–Juni, Sept. 10–18.30, Okt. 10–17.30 Uhr, 8,50 €). Kurz dahinter zweigt rechts eine Nebenstraße ab, auf der man die Vézère quert und zum **Abri de La Madeleine** (E/F 4) gelangt. Auch dort streift man durch herrliche Flusslandschaft und erreicht museal gestaltete Felswohnungen, die vom Mittelalter bis in die Neuzeit genutzt wurden. Am Eingang zum Gelände bemerkt man einen Ausstellungsraum mit Objekten von einer nahen Fundstätte, die heute nicht mehr besucht werden kann. Sie wurde bereits ab 1863 erkundet und gab die frühesten Erkenntnisse über eine Kulturepoche, die auch Laien als Magdalénien (17 000–10 000 v. Chr.) kennen (T 05 53 46 36 88, https://la-madeleine-perigord.com, Juli/Aug. tgl. 9.30–20, Juni, Sept. 10–19, Okt. 10–18.30, März–Mai, Nov. 10–18, Febr. 10–17.30 Uhr, 9,90 €).

Mit der Bimmelbahn zu Mammuts
Die **Grotte de Rouffignac** (E 4), etwa 20 km westlich von St-Léon gelegen, hat gleich mehrere Namen, darunter ›Höhle der 100 Mammuts‹, was sich nicht etwa auf Knochen, sondern auf Felsritzungen bezieht. Angesichts der immerhin 8 km langen Gänge kommt es Besuchern sehr gelegen, dass sie bequem per Elektrobahn einfahren können. Eine Ausnahme stellt Rouffignac insofern dar, als die Grotte mindestens schon im 16. Jh. bekannt war. Nach Nutzung durch die Résistance wurde sie 1959 für Touristen geöffnet.
Zu erreichen über D 6 oder D 706, www.grottederouffignac.fr, Juli/Aug. 9–11.30, 14–18, April–Juni, Sept./Okt. 10–11.30, 14–17 Uhr, 8,50 €, Reservierung empfohlen

Montignac F 4

»Jacqou le Croquant« kennt ganz oder halb Frankreich. Es ist eine Geschichte um Ausbeutung und Revolte im Périgord, die in den 1960er-Jahren als TV-Serie verfilmt und 2007 zum 100. Todestag ihres Autors Eugène Le Roy fürs Kino neu aufgelegt wurde. Ein kleines Museum in Gedenken an Le Roy, der in Montignac starb, befindet sich neben der Kirche unter einem Dach mit dem Office de Tourisme. Aber die Touristen, die sich dort mitunter sehr eng drängen, haben

ein gänzlich anderes Anliegen: Lascaux.

Nur wenig Zeit fürs Mittelalter

Für einen echten Ferienort fehlt es dem Dorf Montignac an echten Sehenswürdigkeiten. Die **Vézère-Brücke** aus dem 18. Jh. steht fotogerecht im Winkel zu alten Häusern am Flussbogen, die **Ancienne Église St-Georges** bildet mit dem **Ancien Hôpital St-Jean** ein hübsches Denkmal an den mittelalterlichen Pilgerbetrieb. Nur konsequent, im Hôpital die Touristeninformation unterzubringen. Geschäftig wurde es dort nach 1948, als man die acht Jahre zuvor entdeckten Felsmalereien von Lascaux zur Besichtigung freigab. Mit Schließung der Höhle 1963 kam eine 20 Jahre währende Flaute, bis 1983 die Kopie Lascaux II eröffnet wurde. Seit 2012 ist der Besuch dort drastisch beschränkt, nachdem 10 Mio. Touristen ihre Ausdünstungen hinterlassen hatten. Neue Hoffnung weckt **Lascaux IV** (▸ S. 98), wo man jährlich 500 000 Besucher verzeichnet. Erstaunlich, dass Montignac in all den Jahren beim Stand von knapp 3000 Einwohnern blieb.

Der Neandertaler und der Bär

Lascaux I und II am Südostrand des Dorfes (Abzweig von der D 704 E) sind mittlerweile wieder in der *nuit des temps* versunken. Franzosen bemühen diese ›Nacht der Zeiten‹ immer dann, wenn eine Sache im Dunkeln liegt – letztlich der passende Zustand für prähistorische Malereien. Folgt man der schmalen Zufahrtstraße über Lascaux II hinaus, so gelangt man zum **Gisement de Régourdou.** Roger Constant, der dort in den 1950ern auf der Suche nach dem natürlichen Eingang in die Lascaux-Höhle das Skelett eines 70 000 Jahre alten Neandertalers inmitten von Bärenknochen entdeckte, wollte später den Braunbär erneut in der Gegend etablieren. Er tat das aber nur in einem Freigehege, dem ein Privatmuseum zum Frühmenschen angeschlossen ist.

T 05 53 51 81 23, http://regourdou.fr, Juli/Aug. tgl. 10–19, April–Juni, Sept. 11–18, Mitte Febr.–März, Okt.–Mitte Nov. 13.30–18 Uhr, 7,50 €).

Arzt im Haus – zu Königs Zeiten

Hôtel de Bouilhac

Ein stattliches, denkmalgeschütztes Gebäude aus dem 17. Jh., dessen Bauherr Leibarzt von Ludwig XV. war. Das klingt schon so, als müsse man tiefer in die Tasche greifen – nicht ganz falsch. Aber die hohen, geräumigen Zimmer, jedes individuell gestaltet, sind ihr Geld wert. Das oberste Preissegment besetzt eine Suite mit Terrasse, wie geschaffen für Gott in Montignac. Im Restaurant stehen auf der Getränkekarte neben führenden Bordeaux-Weinen auch gute Tropfen aus Bergerac und Cahors.

Av. du Prof. Faurel, T 05 53 51 21 46, www.hoteldebouilhac-montignac.fr, 10 Zimmer | DZ €€€, Menü €€

Beim Bauern neben der Höhle

Domaine de Lascaux

Wäre Lascaux II noch im Vollbetrieb, würde man hier kaum Ruhe finden. So aber begeistert die Lage in 200 m Entfernung von der Höhle und mit weitem Blick über Montignac. Rustikal eingerichtete Zimmer. Gans, Ente, Schwein sind die geläufigen, hier aber grundsoliden Angebote im angeschlossenen Restaurant.

Régourdou, T 07 82 47 37 22, www.domainedelascaux.com, 5 Zimmer | DZ €€, Menü €

Perfekte Adresse in der Provinz

Le 4

Appetitlich angerichtete Speisen unterstreichen die hohe geschmackliche Qualität. Bei bestem Service sitzt man ausgezeichnet auf der Gartenterrasse.

Lieu-dit Lacoste (über D 706 zu erreichen), T 05 53 51 86 92 | €

Schon der Aussicht wegen

Aux Berges de la Vézère

»Bistrot Chic« hat sich das Restaurant mit der herrlichen Terrasse am Flussufer auf die Fahnen geschrieben. Dass es hier auch sehr gute Pizza gibt, ist ein Zugeständnis an den Standardgeschmack. Raffinierter sind

Abgeschrägte Betonwände und Lichteinfall von oben fügen sich im Eingangsbereich von Lascaux IV zu einer fast kubistischen Formsprache.

die köstlichen Gerichte, die traditionelle Küche der Region mit neuen Kreationen verknüpfen.

Place Tourny, Montignac, T 05 53 50 56 31, https://restaurant-montignac.fr, Juli/Aug. Mi, sonst auch Di und So abends geschl. | €€

Junges Gemüse zwischen alten Steinen

Marché

Über den gängigen Souvenirkram hinaus haben es die Einzelhändler im Ort noch nicht geschafft. Verlockend

▶ INFOS

T 05 53 50 99 10,
https://lascaux.fr/de

Der Frühmensch orientiert sich neu – **Lascaux die Vierte**

Lascaux I, II, III, IV – da liegt die Vermutung nahe, dass seit Entdeckung der ersten Höhlenmalereien 1940 immer mehr Schätze zum Vorschein kamen. Die Wahrheit ist, dass die Originalhöhle 1963 wegen touristischer Überflutung geschlossen werden und statt ihrer Alternativen gezeigt werden mussten. Das war zunächst die von Monique Peytral gefertigte Kopie Lascaux II mit nur zwei statt sieben dekorierten Räumen, dann Lascaux III als Wanderausstellung für die Weltreise. Und seit Dezember 2016 ist es Lascaux IV als Ablösung des ebenfalls durch Schimmelbefall bedrohten Lascaux II.

»Nichts haben wir dazugelernt«, bemerkte Pablo Picasso überwältigt, als er Lascaux besuchte. Ein Michelangelo oder Tiepolo hätte das vielleicht anders beurteilt. Aber für Künstler, die sich der Abstraktion verschrieben hatten, waren diese unfassbar alten Malereien eine Offenbarung. Und uns alle sollten sie ermahnen, die Menschen der Frühzeit nicht als kulturlose Wilde zu betrachten, sondern sie als höchst feinsinnig schätzen zu lernen. Manch einer benötigt Vergleiche, um solche Dimensionen begreifen zu können. Vielleicht sprach der französische Prähistoriker Abbé Breuil deshalb von einer »Sixtinischen Kapelle der Steinzeit«. Der Begriff geht aber an vielem vorbei, was Lascaux ausmacht.

Viele Monate verwendete ein Künstlerteam darauf, die Szenen aus der Originalhöhle auf die Wände von Lascaux IV zu übertragen.

Dordogne skandinavisch

Dieser Parkplatz mit seinem gezirkelten Reglement könnte das Tor zu einem schwedischen Möbelhaus sein, die **Fassade** 1 der Stätte fügt sich ins Bild. 57 Mio. Euro wurden hier verbaut und vermalt, das scheint viel, doch gegen den mittlerweile zwölffachen Betrag für das Kölner Schauspielhaus ist mit Lascaux IV ein Sparmodell geglückt, das bei gegenwärtig 500 000 Besuchern jährlich auch erfolgreicher sein dürfte. Die von Glas und Beton bestimmte Architektur und ihre Einpassung in die

Landschaft, das Werk norwegischer Architekten, wirkt auch nur auf den ersten, sehr oberflächlichen Blick wie Stangenware, während sie bei genauer Betrachtung gerade in ihren Dimensionen große Reize offenbart. Eilen Sie also nicht zur Kasse, ohne die Außenanlage erkundet zu haben.

»Sixtinische Kapelle« auf Kunststoff

Was innen wartet, sind 680 Fresken und 1500 Gravuren auf 900 m² Höhlenwänden – nun ja, auf Imitat aus Stahl, Styropor und Acrylharz. Denn diese Materialien eignen sich hervorragend zur exakten Nachbildung der Originalwände, die mit 3-D-Scans vermessen wurden, damit Künstler die Malereien in nur 31 Monaten maßstabsgetreu aufbringen konnten. Effektbeleuchtung steigert die Wirkung, ein Erlebnis eigener Art, das dem Vorbild entrückt, auch wenn Temperatur, Feuchtigkeit und Akustik originalgetreu bleiben. Man muss sich bewusst machen: Lascaux IV ist die kongeniale Interpretation einer Welt, die für den Normalbürger seit 1963 verloren ist.

Vom Saal der Stiere zur schwarzen Kuh

Ein 5 m hoher Stier der Steinzeit genießt die zweifelhafte Ehre, en miniature auf Souvenirartikeln gelandet zu sein. Seine eigentliche Heimat ist die **Salle des Taureaux** 2. Diese größte Halle des Grottensystems weist auch in der Nachbildung ein Einstiegsloch auf. Für die damals jugendlichen Entdecker von Lascaux, Marcel Ravidat, Jacques Marsal, Georges Agnel, Simon Coencas und ihren Hund Robot, war dies 1940 die Luke, durch die sie in den Saal gelangten, um ein Wunder der Malerei vorzufinden.

Neben Stieren sind es Auerochse, Wildpferd, ›Einhorn‹, Hirsch und Lascaux' einziger Bär, die auf der Decke und dem oberen Wandabschnitt des Saals erscheinen. Die Felswölbungen wurden von den Steinzeitmalern auf geniale Weise einbezogen, um Perspektive, Räumlichkeit und sogar Bewegung oder Verformung zu suggerieren. Von Hand, mit Moos, Tierhaarpinseln oder Blasröhrchen haben sie die Naturfarben aufgetragen, sie teils wohl auch aufgespuckt. Manganosit, das in den Schwarztönen enthalten ist, hat

Was wird aus Lascaux I und II? Um Auswirkungen auf die Vegetation und weiteres Auftreten von Haarrissen mit entsprechenden Schäden im Raumklima der Höhle zu unterbinden, wurde der gesamte Hügel mit Ausnahme der Zufahrt zu Lascaux II für den Autoverkehr gesperrt. In Lascaux I werden heute weniger als 200 Stunden jährlich für wissenschaftliche Arbeiten gewährt. Lascaux II darf noch in kleinen Gruppen zu eng beschränkten Zeiten besichtigt werden.

Faszination pur: Im interaktiven Teil des Museums betrachtet ein Kind die Kopie der uralten Gemälde.

eine halluzinogene Wirkung, die den künstlerischen Akt zur Vision gesteigert haben mag. Im **Diverticule axiale** 3, einem Seitengang, wurden offenbar Gerüste verwendet, um Kühe und Pferde an die Decke zu malen. Die Bilder aus **Le Passage** 4 (Durchgang) und **La Nef** 5 (Schiff) waren für Lascaux II nicht kopiert worden und werden dem Publikum erst mit Lascaux IV bekannt. Sie umfassen rätselhafte geometrische Zeichen und eine schwarze Kuh.

Simon Coencas, am 28. Januar 1927 in St-Denis geboren, hatte als einziger Überlebender der vier Entdecker von Lascaux noch Gelegenheit, auch das moderne Faksimile der Höhle zu sehen. Kurz nach dem spektakulären Fund hatte er in Paris als Angehöriger einer jüdischen Familie erlebt, wie seine Verwandten von den deutschen Besatzern inhaftiert wurden. Er selbst blieb halbwegs verschont. Nach eigener Aussage war ihm lange Zeit nicht bewusst, welche Bedeutung der Fund der vier Freunde in der Höhle hatte.

Mehr Rätsel als Lösungen

Abside 6 nennt sich ein weiterer Saal, in ihm findet sich ein Rentier, was nicht weiter verwunderlich erscheint. Denn das Ren machte laut Knochenfunden bis zu 90 % des Speiseplans aus. Das eigentlich Erstaunliche ist, dass es unter den gut 600 identifizierten Tieren nur dieses eine Ren gibt. Die Theorie vom Jagdzauber, wie die ersten Forscher sie entwarfen, hat sich damit erledigt. Womit sich erneut die Frage nach dem Sinn der Malereien stellt. So wie auch ihr Alter bislang nur vage auf 20000 Jahre geschätzt werden kann, weil bei den häufig verwendeten Mineralfarben die Radiocarbon-Methode versagt. Ob es Künstlerinnen oder Künstler waren, die über einen Zeitraum von vielleicht nur 100 Jahren die Werke anfertigten, bleibt Spekulation. Zu rätselhaften Zeichen, die eine Art Bildsprache gewesen sein könnten, gesellt sich eine mysteriöse Szene mit Bison, Vogel und Nashorn, zwischen denen ein Mann mit erigiertem Penis erscheint. Für Lascaux ist es die einzige menschliche Gestalt und eine der wenigen in der prähistorischen Malerei überhaupt. Ob die Hirsche, von denen man nur den Kopf sieht, durch einen Fluss schwimmen, warum ein Pferd – in genialer Weise eingefangen – auf dem Rücken liegt und die Kuh mit rotem Fell einen schwarzen Kopf hat – vieles regt zu Interpretationen an, ohne dass man je auf zweifelsfreie Klärung hoffen darf.

Multimediales zum Verständnis

Lascaux IV will kein Museum sein, sondern ein Ort, der Bekanntes und Wissenswertes zu den Malereien hautnah vermittelt. Diesem Zweck dient eine **Salle d'interprétation** 7 ebenso wie eine interaktive **Galerie** 8 und ein **3-D-Kino** 9, in dem ein 15-minütiger Film über vergleichbare Stätten in aller Welt läuft.

Ungeklärt blieb letztlich auch, warum in Höhlen, also nicht am Wohnort unter Felsüberhängen, gemalt wurde – bei schwacher Beleuchtung durch Fackeln und unsichtbar für mögliche Passanten.

INFOS/ÖFFNUNGSZEITEN

Office de Tourisme: in Montignac, ► S. 95
Lascaux IV: Juli/Aug. 8–21.30/22, April–Juni, Sept. 9–19, Okt. 9.30–19, Nov./Dez., Febr./März 10–18 Uhr, 22 €, mit Parc du Thot (► S. 102) 26 €

IMMER EINE GUTE WAHL

Ein sehr freundliches Personal und ein herrlicher Blick von der Terrasse in die Landschaft machen das **Café Lascaux** 1 auf dem Gelände zur guten Wahl für Salate und einfache Gerichte (T 05 53 50 99 38, tgl. 9–21 Uhr, €).

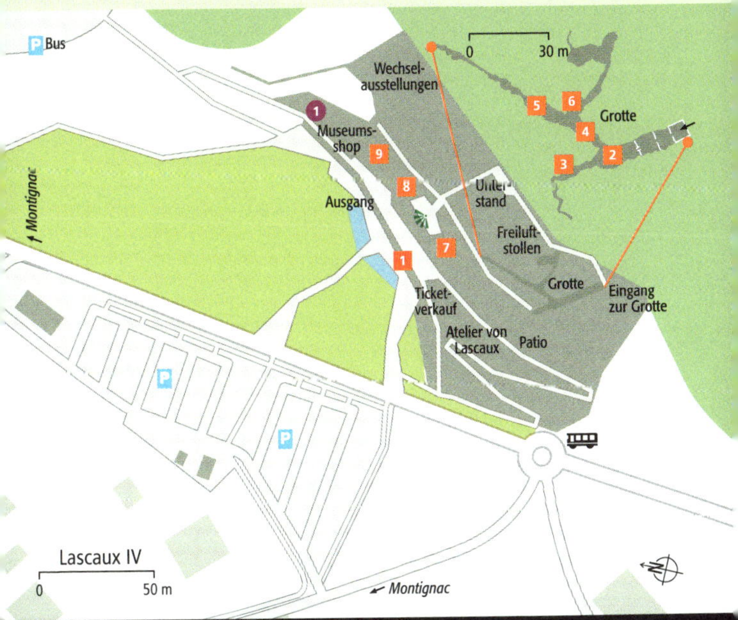

Lascaux IV
0 50 m

Faltplan: F 4

Bescheidenes, aber frisches Angebot an einem Marktstand in Montignac

ist da nur der **Wochenmarkt** bei der Kirche (Mi und Sa). Im Juli/Aug. kommt montags ein **abendlicher Markt** hinzu.

Nasse Abfahrt für Romantiker

Les 7 Rives

Weil quasi *tout le monde* entlang der Vézère an Bord ist, kann man auch in Montignac Kanus mieten. Bis Tursac sind es 20 km bzw. 4,5 Std. (2 Pers. 50 €).

Pont Neuf, T 05 53 50 19 26, www.canoe-montignac.com, Mai–Okt.

Infos und Termine

Office de Tourisme: Pl. Bertrand-Born, T 05 53 51 82 60, www.lascaux-dordogne.com

Bus: nach Périgueux, Brive und Sarlat

Festival de Montignac: Ende Juli. Folklore aus aller Welt in den Straßen der Altstadt

Festival de musique du Périgord Noir: ab Anfang Aug. fünf Wochen Hochrangige Künstler geben Konzerte klassischer Musik an historischen Stätten in und um Montignac; https://festivalmusiqueperigordnoir.com

In der Umgebung

Die Jagdbeute von einst

Die Verquickung von Museumsbetrieb und Tiergehege wie beim Gisement de Régourdou (▸ S. 87) erlebt man nochmals 7 km südwestlich an der D 706 E in **Le Thot/Espace Cro-Magnon** (🕮 F 4). Das Museum hat sich überlebt, nachdem sein einstiger Schwerpunkt, die Ausführung der Höhlenkopie Lascaux II, durch Lascaux IV in den Schatten gestellt wurde. Im Wettrennen dürfte das künftige Augenmerk dem angeschlossenen Park gelten. Dort sind die Nachfahren jener Tiere zu erleben, die unsere Vorfahren gejagt und gemalt haben (T 05 53 50 70 44, www.parc-thot.fr/fr, Juli/Aug. tgl. 9–18.30, April–Juni, Sept./Okt. 10–18 Uhr, Nov./Dez. Di–So 13.30–17, Febr./März Di–So 10–17 Uhr, 11,50 €, kombiniert mit Lascaux 26 €).

Ein Extra könnte unterhalb an der Hauptstraße **Château de Losse** sein, vor allem wegen seiner Terrassengärten (Thonac, T 05 53 50 80 08, www.chateaudelosse.com, Juli/Aug. tgl. 11–18, April–Juni, Sept. 11–18 Uhr, 10 €).

Solche besonderen Momente einer Landpartie möchte man für immer festhalten.

Schönheit minimalistisch

Es gehört auf jeden Fall zu den kleinsten ›schönsten Dörfern Frankreichs‹, **St-Amand-de-Coly** (🕮 G 4, 8 km östl.), das bei Licht betrachtet auf drei Häuser um eine romanische Abtei hinausläuft. Die Kirche steht zugleich im Ruf, schönste Wehrkirche des Périgord zu sein, mithin ist sie vor allem trutzig, was insbesondere der mächtige, abweisende Portalturm verdeutlicht. Vom Augustinerkloster, zu dem die Kirche gehörte, blieben nur Reste. Im Dorf lohnt ein Blick auf den kommunalen Brotofen, eine typische Einrichtung mittelalterlicher Gemeinden dieser Gegend, aber nur in wenigen Orten erhalten.

Gartenwunder per Zirkel

Während der Formschnitt *à la française* unter dem Begriff *topiary* in Englands viktorianischer Gartenkunst um sich griff, wurden die Franzosen verrückt nach englischem Landschaftsgarten voller Romantik. Bei mangelnder Pflege zeigten diese »wuchernden Briten« aber den Trend zur Verwilderung, was schwer auf den Schultern vieler Schlosserben der Dordogne lasten sollte. Patrick Sermadiras fand die Lösung, indem er die **Jardins du Manoir d'Eyrignac** (🕮 G 4) seiner Vorfahren mit hohem Arbeitsaufwand zur Krone des Formalen zurückführte und mit dem Prädikat ›bestgepflegte Gärten Frankreichs‹ zahlendes Publikum lockte. 100 000 Besucher jährlich lassen die Rechnung aufgehen. Man sollte aber kein Blütenwunder erwarten, sondern sich mit weitgehend stillen Bildern begnügen können und die Kunst in ihnen zu interpretieren wissen. Wo Hecken ein Fenster besitzen, scheinen sie zu grünen Wänden eines Zimmers zu werden. Kiesel formen sich zur Windrose um einen Springbrunnen, der sein Wasser in die Freiheit sprüht. Buchs steht als kugeliger Wächter am Teichrand, Fontänen aus dem Schlund von Kröten lassen kühlende Gischt auf Rosen nieder. Bringen Sie Zeit mit, um sich so recht vertiefen zu können.

Salignac (ca. 20 km von Montignac entfernt, über D 704 und D 61 zu erreichen), T 05 53 28 99 71, www.eyrignac.com, Mai–Sept. tgl. 9.30–19, April 10–19, Okt. 10 Uhr bis Einbruch der Dunkelheit, Winter 10.30–12.30, 14.30 Uhr bis Einbruch der Dunkelheit, 12,90 €. Audioguide, Shop mit Gartenwerkzeug, Büchern und Pflanzen, Brasserie/Salon de Thé mit Kuchen, Salaten und einem Menü (€).

Bilderbuch der Superlative – **Ste-Marie von Souillac**

Mit dem Wechsel ins Nachbar-Département Lot vollzieht man mehr als den Sprung über eine Verwaltungsgrenze. Die Kulturlandschaft Périgord stößt ans Quercy, die saftig-grünen Flusstäler an die kalkigen Ebenen der Causses. Am Eingang wartet das Städtchen Souillac mit 3400 Einwohnern und mit Nachfahren der Pilger, die im Mittelalter entlang der Flüsse nach Santiago de Compostela unterwegs waren. Ihr Ziel im Ort: die Abtei Ste-Marie.

S SWINGING

Es beginnt um den Revolutionstag und hört dann eine Woche lang nicht auf. »Souillac en Jazz« bietet seit 1976 hochkarätige Konzerte in den Straßen, gerne mit der Kirche als Kulisse (www.souillacenjazz.fr).

Der »Kleine Gärtner mit Schubkarre« stand am Anfang der Karriere von Jean Roullet. 1865 hatte der Mann aus Paris ein Unternehmen in Souillac gegründet, das sich auf Spielzeug und Automaten spezialisierte. Aus dem Betrieb wurde das respektable Roullet-Decamps. Im 19. Jh. trafen die animierten Skulpturen den Zeitgeist, im späten 20. Jh. fanden sie immer weniger Liebhaber. Nach der Schließung verblieb in Souillac das **Musée de l'Automate** 1 mit einer Sammlung beweglicher Wunder.

Maria mit Schuppen

Eine Verbindung zur **Abbaye Ste-Marie** 2 braucht man nicht zu suchen, es gibt sie nicht – außer dass Abtei und Museum in auffälliger Nachbarschaft stehen, was den Stadtrundgang verkürzt. Derweil scheint der Kirche vieles von dem zu fehlen, was die romanische Kunst ihrer Gründungszeit ausmacht. Tatsächlich ist der heutige Außenbau Ergebnis von Renovierungen. Aber das Schuppendach über der Kreuzkuppelkirche kommt uns bekannt vor. Nämlich aus Périgueux, denn hier wie dort hieß der Restaurator Paul Abadie.

Man müsste tief in Architekturdetails einsteigen, um die Besonderheiten und die trotz allem vorhandenen romanischen Züge des Äußeren nachvollziehen zu können. Wagen wir lieber einen Blick ins Innere. Dort scheint sich zu entschlüsseln, was man denn eigentlich vermisst: den Skulpturenschmuck, wie er typisch für die Romanik ist – und auch innen zu fehlen scheint. Dann aber kehrt man sich ab und entdeckt im Dunkel des Eingangsbereichs ein grandioses Bildwerk, wie man es in der Dordogne nicht findet. In der Zeit der Religionskriege hatte das Figurenportal so sehr gelitten, dass die Überreste zum Schutz kurzerhand ins Innere gekehrt wurden.

Gipfelpunkt romanischer Skulptur

Ein mächtiger Pfeiler rechts mit reichem Schmuck gibt Rätsel auf, denn es fehlt zur Linken das Gegenstück und damit die Symmetrie. Die Erklärung liegt darin, dass es sich um den Trumeau handelt, den Mittelpfeiler des einst doppeltürigen Eingangs. Wegen der Darstellung sich selbst und einander zerfleischender Tiere und Menschen spricht man von einer Bestiensäule. Ihre meisterhafte Ausführung findet Entsprechung im Theophilus-Relief über dem Eingang und vor allem dem Jesaja rechts neben dem Portal.

Die Jesajafigur wird zu den großartigsten Bildhauerwerken der Romanik gerechnet. Durch den Wurf der Kleiderfalten, den Fluss der Haar- und Bartlocken und den gedrehten Körper ist dem Künstler um 1130 das gelungen, was man als verhaltene Ekstase bezeichnen könnte.

INFOS/ÖFFNUNGSZEITEN

Office de Tourisme: Bd. Malvy, 46200 Souillac, T 05 65 33 22 00, www.vallee-dordogne.com
Musée de l'Automate 1: Esplanade Chastagnol, T 05 65 37 07 07, https://musee-automate.fr, Juli/Aug. tgl. 10–12.15, 14–18, Mai/Juni, Sept. Mi–So 14–18 Uhr, 7 €
Abbaye 2: tgl. 8.30–18.30 Uhr

MEISTERKÜCHE VON MORGEN

Sie lernen noch, die Schüler des **Restaurant Pédagogique du Lycée Quercy-Périgord** 1 (Av. R. Couderc, T 05 65 27 03 00, https://quercy-perigord.mon-ent-occitanie.fr). Von daher ist der Besuch immer ein Wagnis – und immer eine sympathische Begegnung. Sollten Sie darauf einen Schnaps brauchen: Der bekannte Pflaumenbrand Vieille Prune hat seine Heimat in Souillacs **Distillerie Louis Roque** 1 (41, av. Jean-Jaurès, T 05 65 32 78 16, www.lavieilleprune.com).

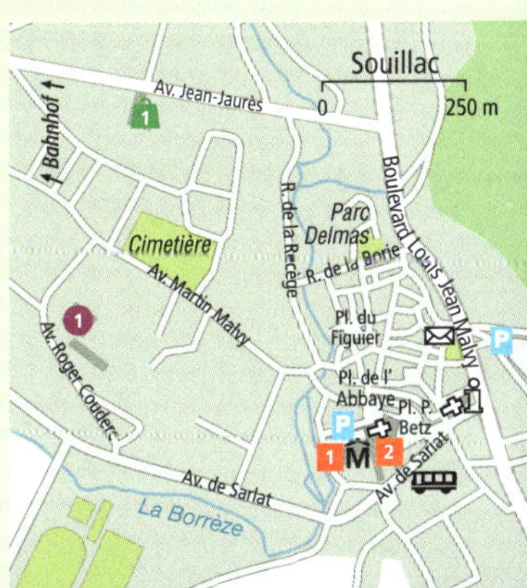

Faltplan: H 5 | **Bahn** nach Paris und Toulouse, **Bus** nach Sarlat

Ein Ziegenmekka im Kalk – **Rocamadour**

Was geht? Auf den kargen Kalkebenen nicht viel, zumindest bei der Viehzucht. So wurde Rocamadour das Ziegenland schlechthin und sein Käse, der würzige Cabécou, ein Klassiker mit kontrollierter Herkunftsbezeichnung. Seinetwegen braucht man die Produktionsstätte nicht zu besuchen, denn es gibt ihn europaweit. Einmalig aber ist die Lage des Pilgerziels Rocamadour an einem Steilfelsen.

Am letzten Wochenende im September treffen sich Ballonfahrer aus ganz Europa zum ›Rassemblement des Montgolfières‹ mit spektakulärem Aufstieg aus der Schlucht des Alzou.

Von Rocamadour über Souillac, Domme, Cadouin und Beaumont-du-Périgord nach Bergerac verläuft ein markierter Abschnitt des Jakobsweges, der herrliche Gegenden der Dordogne erschließt. Auf www.compostelle-limousin-perigord.fr liefern mehrere PDFs in französischer Sprache Beschreibungen und Tipps.

Wer mit dem Auto ins Städtchen möchte, fühlt sich wie auf der Reise um den Pudding: Eine Zufahrt gibt es nicht. Allerdings darf man auf der Suche mit ein paar Begegnungen rechnen. In der Ziegenfarm **Borie d'Imbert** 1 wäre es das Treffen mit Bäuerin Justine, die indessen längst tot ist. Ihr Haus blieb angeblich unverändert, wurde aber mit Technik vollgestopft, die der Welt von 1900 Leben einhauchen soll. In der Hinsicht haben Ziegenstall und Käserei eher die Nase vorn. Die **Maison des Abeilles** 2 exerziert ein verwandtes Spiel mit Bienen und Honig, während die Meerkatzen im Affenwald **Forêt des Singes** 3 ein Stück Exotik beifügen. Damit genug der Nebenschauplätze, stoßen wir ins Herz vor. Aufzüge, eine Bummelbahn oder die eigenen Füße sind zu bemühen, um von L'Hospitalet an der D 673 zum Ziel zu gelangen.

Wunder gibt es immer wieder

»Der Wald ist voller Einsiedler«, beschrieb Mark Twain im »Yankee aus Connecticut« ein Paradoxon, das ihm in Rocamadour untergekommen sein könnte. Nur dass es dort die Nischen im Steilfelsen waren, die es den Eremiten angetan hatten. 150 m unverbaubares Ensiedelparadies von der Abbruchkante bis hinunter zum Bach Alzou. Da konnte es schon mal vorkommen, dass eine Leiche unentdeckt in einer Nische trocknete, um beizeiten wundertätig zu werden. ›Roc Amator‹ war so ein Gelegenheitsfund. Wer er war und warum er zur Kultfigur wurde, ist nicht zu ermitteln. Immerhin hatte er die Güte, eine Schwarze Madonna zu schnitzen. Behaupten jedenfalls die Gläubigen. Hatten sie nach kirchlichem oder später auch weltlichem Verständnis etwas ausgefressen, mussten sie in Ketten und auf Knien rutschend die 216 Stufen der Pilgertreppe nehmen. Belohnt wurden sie mit Ablass und dem noch heute beeindruckenden Postkartenblick auf ein Gewirr von Sanktuarien. Da ist die romanische **Chapelle St-Michel** 4 mit Fresken aus dem 12. Jh. Gegenüber die zeitgleich gebaute **Basilika St-Sauveur** 5 über der Krypta des St-Amadour. Und daneben die gotische **Chapelle Notre-Dame** 6 mit jener Schwarzen Madonna. Übrigens aus dem 12. Jh. Womit klar wäre, dass der mumifizierte Eremit wenig mit ihr zu tun hat.

Ihr da oben, wir hier unten

Wer je den Mont St-Michel besuchte, kennt die Dramaturgie. Am Fuß der Anlage gibt es eine Hauptstraße, an der mit Waffeln, Eis, Nippes und anderen nützlichen Dingen versucht wird, Geld aus der einen in die andere Tasche zu befördern. Es folgt die Pilgertreppe, an der sich der Konsumknoten allmählich löst. Im Unterschied zum Mont St-Michel existiert dann noch eine **Festung** 7 mit Aussicht und mit dem Adlerfelsen **Rocher des Aigles** 8, Europas größtem Zentrum für die Aufzucht von Greifvogelarten aus aller Welt.

INFOS/ÖFFNUNGSZEITEN

Office de Tourisme: L'Hospitalet, T 05 65 33 22 00, www.vallee-dordogne.com, April–Okt.
Tierstationen: www.laboriedimbert.com, www.abeilles-rocamadour.com, www.la-foret-des-singes.com, www.rocherdesaigles.com

FAMILIENIDYLLE

Es geht nichts über die Terrasse des Familienhotels **Terminus des Pélerins** 1 (T 05 65 33 62 14, www.terminus-des-pelerins.fr | €), auf der Ziegenkäse und Steinpilze allein der Aussicht wegen unvergesslich bleiben.

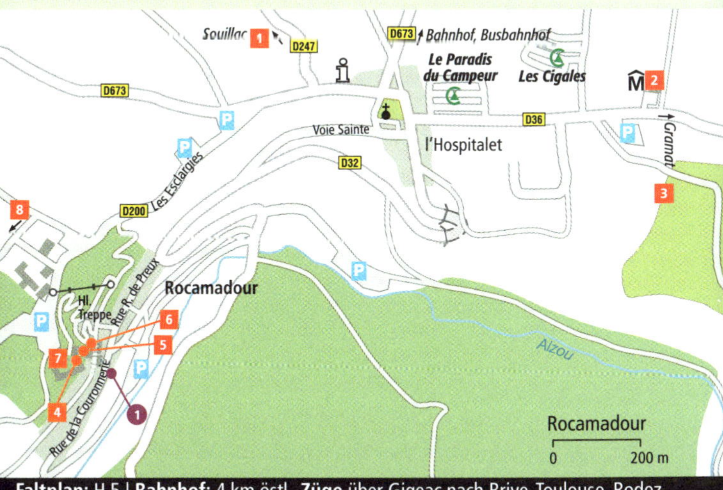

Faltplan: H 5 | Bahnhof: 4 km östl., Züge über Gigeac nach Brive, Toulouse, Rodez

Hin & weg

ANREISE

Mit der Bahn
Bei einer Reisegeschwindigkeit von über 300 km/h dauert die Fahrt mit dem **TGV** ab Paris-Montparnasse nach Angoulême nur rund 1 Std. 45 Min., nach Bordeaux 2 Std. Zeitraubend sind allerdings die Anschlüsse. Aus der nördlichen Hälfte Deutschlands geht es zunächst zur Pariser Gare du Nord (ab Köln 4 Std.), aus dem südlichen Deutschland, Österreich und der Schweiz zur Gare de l'Est (ab München 10 Std.). Eine weitere Stunde vergeht bei der Fahrt vom Pariser Ankunftsbahnhof zur Gare Montparnasse. Nochmals 1 Std. ist es dann beispielsweise mit dem Bus von Angoulême bis Brantôme, 1,5 Std. mit dem Zug von Bordeaux nach Bergerac. Eine **Reservierung für den TGV** ist obligatorisch, die einfache Strecke Paris–Bordeaux kostet für Frühbucher ab 15 € in der 2. Klasse (www.sncf.com, www.sncf-connect.com/de-de).

Mit dem Bus
Mit unschlagbaren Tarifen ab 5 € wirbt **Flixbus** für seine internationalen Busfahrten. Bei genauer Betrachtung erweist sich ein immer noch günstiger Preis um 35 € nach Bordeaux (ab 17 Std.) als realistisch, sofern man früh genug bucht (www.flixbus.de).

Mit dem Auto
Brantôme, unser Einstiegsort, liegt 600 km von Genf bzw. knapp 1000 km von Köln entfernt. Reisende **aus dem nördlichen Deutschland** müssen die anstrengende Umfahrung von Paris in Kauf nehmen, werden aber dadurch entschädigt, dass die A 20 auf langer Strecke gebührenfrei ist. Die Anfahrt **aus dem Süden** hat sich mit Fertigstellung der A 89 Lyon–Bordeaux erheblich verkürzt. Highlight an dieser Route und nahezu ein Weltwunder ist die gigantische Brücke Viaduc du Pays de Tulle. Je nach Route beträgt die **Autobahngebühr** *(péage)* ca. 35–50 € für einen Kleinwagen, bar oder mit Kreditkarte zu begleichen. Gebührenrechner und aktuelle Infos auf www.autoroutes.fr. Beachten Sie außerdem vor der Abreise die Bestimmungen zur **Umweltplakette** auf www.certificat-air.gouv.fr/de.

Mit dem Flugzeug
Die beiden **Flughäfen in der Dordogne, Périgueux und Bergerac,** werden von Air France ab Paris-Orly angeflogen (wwws.airfrance.fr), Bergerac zudem von Ryanair ab Charleroi/Belgien (www.ryanair.com/de). Günstiger und letztlich schneller erreicht man die Dordogne über **Bordeaux.** Nur knapp 2 Std. dauert der Direktflug mit Air France bzw. deren Tochter Hop! ab Düsseldorf (ebenfalls www.airfrance.fr). Flüge nach Bordeaux von der Schweiz aus bietet easyJet (www.easyjet.com). Mit dem **Leihwagen** sind es dann noch ca. 1,5 Std. über die A 89 bis Périgueux. Den günstigsten Flugpreis (teils unter 40 €) errechnet z. B. https://flug.idealo.de.

Einreise- und Zollbestimmungen
Ausweispapiere: EU-Bürger benötigen den Personalausweis nur noch für Notfälle, Schweizer müssen einen gültigen Ausweis oder Reisepass mitführen. Kinder benötigen unabhängig vom Alter einen eigenen Ausweis. Autofahrer sollten außer dem nationalen Führerschein und Kfz-Schein die Grüne Versicherungskarte (für Schweizer Pflicht) und einen Auslandsschutzbrief bei sich tragen.
Zoll: Im privaten EU-Reiseverkehr ist die Einfuhr von Waren zum eigenen Verbrauch unbegrenzt zulässig.

INFORMATIONSQUELLEN

Atout France – Französische Zentrale für Tourismus
www.france.fr

Familienglück: Die Draisine ist Freizeitspaß an der stillgelegten Bahnstrecke bei Thiviers.

Deutschland: Postfach 10 01 28, 60001 Frankfurt/Main, info.de@atout-france.fr
Österreich: T 01 503 28 92, info.at@atout-france.fr
Schweiz: info.ch@atout-france.fr

Regionale Infobüros
Comité départemental du Tourisme de la Dordogne (CDT)
25, rue Wilson, BP 40032
24002 Périgueux Cedex
T 05 53 35 50 24
www.dordogne-perigord-tourisme.fr

Im Internet
In Hotels, Autobahnraststätten, vielen Restaurants und bei Behörden steht inzwischen **offenes WLAN** zur Verfügung, oft allerdings bei schlechter Verbindung. Effizientes Surfen setzt voraus, dass man der französischen Sprache mächtig ist, denn englische oder deutsche Ausgaben heimischer Websites sind, soweit überhaupt verfügbar, selten so aktuell wie das Original.
www.perigord.com: Portal mit Infos zum Sarladais.
https://semitour.com/en: Verbund bedeutender Fundstätten und Sehenswürdigkeiten mit Tourenvorschlägen und Übernachtungshinweisen in deren Nähe.
www.grottesdefrance.org: Frankreichs Grotten im Überblick mit interaktiver Karte.
www.france.fr/de/tal-der-dordogne: Praktisches zu Reisethemen in deutscher Sprache.

KLIMA UND REISEZEIT

Der Frühsommer wie auch September/Oktober haben Vorzüge. Es ist schon oder noch warm, selbst beliebte Orte sind nicht überlaufen, Hotels preiswerter und auch ohne Vorausbuchung verfügbar. Météo France weiß immer, wie das Wetter wird, verrät es allerdings auf **https://meteofrance.com** nur in französischer Sprache. Über eine integrierte Suchmaschine ist jeder Ort aufrufbar.

REISEN MIT HANDICAP

Umfangreiche Hilfestellung auf Reisen, leider nur in französischer Sprache, gibt es auf: **www.apf-francehandicap.org**

SPORT & AKTIVITÄTEN

Angeln
Eine Flussbegradigung hat es nie gegeben, industrielle Verschmutzung kaum, die Welt im Wasser ist also immer noch in Ordnung und für Angler interessant. Den **Angelschein** gibt es in Fachgeschäften, Tabakläden und Fremdenverkehrsbüros. **Infos: www.federationpechedordogne.fr.**

Baden
Während in Deutschland das Baden in Flüssen angesichts der **Wasserqualität** nicht mehr sonderlich beliebt ist, eignen sich die Dordogne und ihre Zuflüsse durchaus noch als Terrain für eine kühle Erfrischung. Beliebte und teils auch belebte Plätze finden sich bei Vitrac, La Roque-Gageac, Castelnaud oder Limeuil. Daneben gibt es nette Teiche *(étangs)*, künstliche Seen *(plans d'eau)* und Aquaparcs.

Fesselballon
Montgolfieren starten ganzjährig zu **ein- bis zweistündigen Ausflügen** durch die Lüfte, besonders beliebt sind Fahrten ab La Roque-Gageac (www.montgolfiere-du-perigord.com), Hautefort (www.montgolfiere.fr) oder Rocamadour (https://rocamadour-montgolfieres.fr). Preis je nach Dauer und Teilnehmerzahl ab 200 €/Pers., Reservierung erforderlich.

Kanu und Kajak
Im Périgord ist es die Freizeitaktivität schlechthin und erfordert angesichts der harmlosen Gewässer auch keine sonderlichen Kenntnisse: das Kanufahren. Oft fühlt man sich viel näher am Geschehen als im Auto oder auf dem Fahrrad. Leider kann man Kanus und Kajaks fast **nur in der Saison** mieten. Man paddelt jeweils nur die Strecke flussabwärts und wird von der Station zum Start gefahren bzw. am Ziel abgeholt. Im Mietpreis enthalten sind außer Boot und Paddel auch Schwimmweste und eine Tonne fürs Gepäck (wichtig: Getränke, Proviant, Badezeug, Helm oder Kappe, Sonnenschutz). Als Fahrrinne wählt man die Flussmitte. Rechtzeitig vor dem Anlanden das Ufer ansteuern und bei Hochwasser auf Fahrten verzichten. Infos: **www.canoe-france.com.** Verleihfirmen mit besonders großem Angebot: www.copeyre.com, www.canoe-kayak-dordogne.com.

Klettern
Das Kalkgestein des Périgord bietet **Steilwände** ebenso wie **unterirdische**

SICHERHEIT UND NOTFÄLLE

Die Dordogne zählt immer noch zu den Regionen, in denen man auch mal vergessen darf, das Auto abzuschließen, ohne gleich mit einer Katastrophe rechnen zu müssen. In den kleinen Dörfern kennt jeder jeden, die soziale Kontrolle funktioniert nach wie vor blendend.

Notrufnummern
Polizei: 17, **Feuerwehr:** 18, **Erste Hilfe:** 15, **europaweiter Notruf per Handy:** 112
Bankkartensperrung:
+49 116 116, www.sperr-notruf.de
Einen **SOS-Infopass** erhalten Sie unter: www.kartensicherheit.de.
ADAC-Pannenhilfe: +49 89 22 22 22 (Auslandsschutzbrief erforderlich)
Deutsche Botschaft:
T +33 (0)1 53 83 45 00,
https://allemagneenfrance.diplo.de
Österreichische Botschaft:
T +33 (0)1 40 63 30 63,
www.bmeia.gv.at/oeb-paris
Schweizer Botschaft:
T +33 (0)1 49 55 67 00,
www.eda.admin.ch/paris
Auslandsvorwahlen: F +33, D +49, A +43, CH +41 (beim Handy immer mitwählen)

Gänge, sodass sich Klettern *(escalade)* und Höhlendurchsteigen *(spéléologie)* zur sportlichen Einheit verbinden. Anregungen finden Sie auf **www.perigorddecouverte.com.**

Radfahren

Die nur schwach genutzten Straßen verleiten Autofahrer zu zügigem Tempo und geringer Vorsicht in den Kurven – ein Nachteil für Radfahrer, die zudem mit **enormen Steigungen** zu kämpfen haben. Schöne und **leichte Strecken** sind etwa die alte Bahntrasse bei Thiviers und der Pfad entlang des Canal de Lalinde. Leihfahrräder, auch Mountainbikes (VTT), gibt es in den Shops der größeren Orte, an vielen Bahnhöfen, beim Fremdenverkehrsamt, auf Campingplätzen und in einigen Pensionen. Die **Eisenbahn SNCF befördert Räder** in einigen Zügen kostenlos, in **Linienbussen** ist ein Zuschlag zu zahlen. Wer aufs eigene Rad nicht verzichten mag, kann es sich mit der Bahn als Gepäck zuschicken (in einem speziellen Karton, den man in Fahrradläden erhält). Die Beförderung dauert mindestens vier Tage. Infos und Verzeichnis der Radwege: **https://ffc.fr, https://ffvelo.fr.**

Reiten

Etwa 900 km Reitwege im Département Dordogne sind in Karten des CDT verzeichnet, darin auch die Lage von Unterkünften, die die Verpflegung der Tiere gewährleisten. Über **Reiterferien** informiert **www.terre-equestre.com.**

›Roulottes‹/Pferdewagen

Ausgestattet mit Betten, Kochnische und einem genügsamen Pferd, ist die *Roulotte* ein familientaugliches, beschauliches und vollkommen ausreichendes Fortbewegungsmittel. Am Etappenziel warten Futter und Standplatz für Pferd und Wagen. Preis ab 400 €/Wochenende. Einer der Anbieter: **www.perigord-roulottes-vacances.net.**

Wandern

Fernwanderwege (GR, weiß-rot markiert, **https://gr-infos.com**) verlaufen in Ost-West- oder Nord-Süd-Richtung, darunter der 89 km lange **GR 64** von Rocamadour nach Les Eyzies. Hinzu kommen Mittelstrecken (GRP, gelb-rot), Kurzwanderwege (PR, gelb-weiß) wie auch alte Treidelpfade. Für die Übernachtung stehen schlichte **Gîtes d'étape** bereit. Infos und Topo-Guide: **www.ffrandonnee.fr.**

ÜBERNACHTEN

Buchung

Reservierung ist in der Hauptsaison ratsam, aber nur dann zwingend erforderlich, wenn man sich auf einen bestimmten Ferienort festgelegt hat. Als Hilfestellung geben die Offices de Tourisme jeweils für ihren Ort kostenlose Hotellisten heraus. Übersichten zur gesamten Dordogne bietet das **Comité départemental du Tourisme** (CDT, ► S. 109). Buchungsportal im Internet: **www.perigord-reservation.com.**

ÜBERNACHTUNGSPREISE

€	unter 90 Euro
€€	90 bis 120 Euro
€€€	über 120 Euro

Preise für ein Doppelzimmer ohne Frühstück, in der Hauptsaison oft teurer

Hotels

Kriterium für die Vergabe der Hotelsterne ist eine Liste von Ausstattungsmerkmalen, sie sollten also nicht als Indiz für Preis und Ambiente missverstanden werden. Aussagekräftiger ist gerade in Frankreich die Zugehörigkeit zu einer der etablierten Dachorganisationen. **Schlosshotels** mit teilweise erschwinglichen Preisen findet man etwa bei **Relais & Châteaux** (www.relaischateaux.com). **Logis de France** heißt ein Verbund von Mittelklassehotels mit gutem Preis-Leistungs-Verhältnis, landestypischer Atmosphäre und regionaler Küche. Man erkennt die Häuser am Signet des grün-gelben Kamins (www.logishotels.com). Etwas teurer, dafür oft ruhiger gelegen sind **The Originals Human Hotels & Resorts** (www.theoriginalshotels.com). Autobahnraststätten, Industriegebiete und Durchgangsstraßen sind das Revier der Niedrigpreiskette **Formule 1** (https://hotelf1.accor.com). Ihre Merkmale: Waschbecken und TV im Zimmer, WC und Dusche auf der Etage. Einchecken kann man rund um die Uhr, muss zu später Stunde aber in Kauf nehmen, dass ein Automat die Rezeption ersetzt. Eine Kette für höhere Ansprüche ist **Ibis** (https://ibis.accor.com) mit den Varianten Ibis Styles mit gehobenem Angebot und Ibis Budget für den schmalen Geldbeutel.

Chambres d'hôte
Am Straßenrand deuten Hinweisschilder auf Privatunterkünfte. Ein buntes Kaleidoskop an Interieurs ist ebenso garantiert wie informative bis schrullige Gespräche mit Vermietern. Wer sich früh am Tag um eine solche Chambre d'hôte (Gästezimmer) bemüht, der kann außerhalb der Hochsaison auf Vorabbuchung verzichten. Die meisten Chambres d'hôte sind den **Gîtes de France** angeschlossen, die Kataloge gegen Gebühr verschicken (www.gites-de-france.com).

Ferienhäuser und Appartements
Zu den Gîtes de France zählen auch viele Ferienhäuser und -wohnungen. Bis auf die Bettwäsche sind in der Regel alle erforderlichen Utensilien vorhanden. Gemietet wird wochenweise. **Angebote** finden sich in den Katalogen der Fremdenverkehrsbüros, bei Reiseveranstaltern, bei Frankreichspezialisten wie Pierre & Vacances oder in den Kleinanzeigen der Tageszeitung.

Jugendherbergen
Frankreichs **Auberges de Jeunesse** sind entweder der Fédération Unie des Auberges de Jeunesse (www.hifrance.org) oder der Ligue Française pour les Auberges de la Jeunesse (www.auberges-de-jeunesse.com) angeschlossen. Anfragen sind direkt an die jeweilige Jugendherberge zu richten. Übernachten können dort nur Inhaber eines internationalen Jugendherbergsausweises, maximal für drei Übernachtungen (€).

Campingplätze
Saison für naturnahen Urlaub auf teils sehr schönen Plätzen sind die Monate April bis Oktober. Nur in der Hochsaison ist Reservierung erforderlich. Über die Ausstattung der Anlagen und ihre Sportangebote informieren Listen der örtlichen Touristenbüros sowie des CDT (► S. 109). Übersichten auch auf: **www.campingsdordogneperigord.com** oder **www.campings-dordogne.com.**

VERKEHRSMITTEL

Bahn
Als bequeme Verbindung über größere Distanzen eignen sich die **Nahverkehrszüge (TER)** der Linien Bordeaux–Bergerac–Sarlat, Bordeaux–Périgueux–Brive und Agen–Les Eyzies–Périgueux. Nahezu untauglich ist die Eisenbahn jedoch zum Erkunden der Region. Allzu viele Strecken wurden stillgelegt, die Frequenz auf den verbliebenen Routen ist gering, um die Wochenenden kommt es zu Ausfällen. Auskünfte unter T 08 36 35 35 35 oder **www.sncf.com/fr.**

Bus
Trans-Périgord unterhält 16 Buslinien auf den wichtigsten Routen im Département. Streckennetz, Tarife und Abfahrtszeiten auf **https://transperigord.fr.** Beförderung an Wochenenden ist eher die Ausnahme.

Eigenes Auto oder Leihwagen
Angesichts geringer Flexibilität des ÖPNV bleibt das eigene Auto bzw. ein Mietwagen die erste Wahl. Wer gegen die Anschnallpflicht oder die Parkregeln verstößt, die Promillegrenze (0,5 ‰) oder Tempolimits überschreitet, muss mit **empfindlichen Strafen** rechnen.

Ob niemand zu Hause ist? Die geschlossenen Fensterläden lassen es befürchten. Was schade wäre, denn die Häuserfassaden von Bergerac wirken sehr charmant.

Auf Autobahnen beträgt die zulässige **Höchstgeschwindigkeit** 130 km/h (bei Nässe und für Anfänger 110 km/h), auf vierspurigen Straßen 110 km/h (100 km/h), sonst 80 km/h, in Ortschaften 50 km/h. **Parken** darf man in der ›Zone bleue‹ (blaues P-Schild oder blaue Linie) 1,5 Std., mittags 2,5 Std. lang mit Parkscheibe. Gebührenpflichtige Plätze sind zwischen 12 und 14 sowie nach 19 Uhr kostenlos. Untersagt ist das Parken an gelb markierten Bordsteinen. **Kraftstoff** ist an den Tankstellen großer Supermärkte am günstigsten. Rechtzeitig vor Einbruch der Dunkelheit tanken, denn mit einigen Kreditkarten kann es je nach Tankstelle immer mal Probleme geben. Einen **Mietwagen** sollte man schon daheim buchen (meist preiswerter als vor Ort). Jeder Autofahrer muss ein unbenutztes **Alkoholtestset** *(alcootest/ ethylotest)* mitführen. Zuwiderhandeln wird aber nicht geahndet. Auf Autobahnen findet man alle 2 km **Notrufsäulen** *(refuge);* ihre Benutzung im Pannenfall ist Pflicht. Auf anderen Straßen kann man rund um die Uhr die kostenlose Rufnummer 08 00 08 92 22 der **AIT-Assistance** nutzen (auch in deutscher Sprache). **ADAC-Notruf** von Festnetz 08 25 80 08 22 oder Handy +33 8 25 80 08 22.

DER UMWELT ZULIEBE – NACHHALTIG REISEN

Die Umwelt schützen, die lokale Wirtschaft fördern, intensive Begegnungen ermöglichen, voneinander lernen – nachhaltiger Tourismus übernimmt Verantwortung für Umwelt und Gesellschaft. Die folgenden Webseiten geben einige Tipps, wie Sie Ihre Reise nachhaltig gestalten können.

https://forumandersreisen.de: Die Reiseveranstalter des Forums Anders Reisen bieten ungewöhnliche Reisen weltweit; Nachhaltigkeit wird durch einen gemeinsamen Kriterienkatalog gewährleistet.

www.wirsindanderswo.de: Die Zeitschrift stellt auf der Webseite nachhaltige Reiseangebote und Unterkünfte in diversen europäischen Ländern vor und gibt originelle Unterkunftstipps.

O-Ton Dordogne Périgord

Ich bin hungrig.

Périgourdin

Einwohner des Périgord
Die ›Périgourdine‹ wäre seine Frau.

QUÉ QUÒ ES?

Was ist das denn?

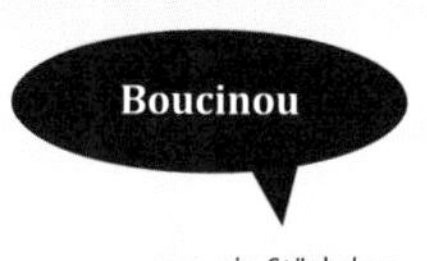

ein Stückchen

Ai set, seriá possible de beuvre un còp?

Ich hab Durst. Gibt's hier einen Schluck?

TURLUTUTU

traditioneller Chorgesang

Eine alte Tischsitte. In den Rest der Suppe wird Rotwein gegossen, den man dann vom Teller trinkt.

Chabatz d'entrar!

Hereinspaziert!
Als Übersetzung ist jede Willkommensformel genehm, sogar ein »geben Sie uns doch bitte die Ehre, unser schönes Land zu besuchen«.

Virolaire

Kastanie

Bentes negres

Schwarzbäuche
Die Nachbarn im Limousin, die Roggenbrot essen.

Quand las gruas se'n van per l'Espanha, geta ton blat per la campanha.

Ziehen die Kraniche nach Spanien, streu dein Korn aufs Feld.
Bauernregel mit erhobenem Zeigefinger: Verpasse nie den Zeitpunkt der Aussaat.

A
Abatino, Pepito 88
Abbaye de Boschaud 29
Abbaye de Chancelade 46
Abbaye Notre-Dame de Bonne Espérance 47
Abbaye Ste-Marie 104
Abri Cro-Magnon 87
Abri de Cap Blanc 91
Abri de La Madeleine 95
Abri de Laugerie-Basse 91
Abri de Laugerie-Haute 91
Abri Pataud 87
Airparc Périgord 85
À la truffe du Périgord 26
Angeln 110
Anreise 108
Antonne-et-Trigonant 40
AOC Rosette 57
Aquarium du Périgord Noir 92
Aquitanien (Provinz) 56
Arboretum de Montagnac 29
Assiette Périgordine 11
Aubeterre-sur-Dronne 19
Ausweis 108
Auto 108, 112

B
Baartman, Sarah 91
Baden 110
Bahn 108, 112
Baker, Josephine 88
Ballonfahren 83, 106, 110
Basilika St-Sauveur 107
Bastiden 7, 58, 59, 64, 67, 68, 79, 86
Bastideum 69
Beaumont-du-Périgord 64
Behinderte 109
Belvès 86
Bercovici, Philippe 56
Bergerac 7, 50
– Aéroport Bergerac Dordogne Périgord 55
– Altstadt 50
– Ancien Pont 50
– Château du Rooy 56
– Cloître des Récollets 50
– Festival Jazz Pourpre 55
– Foire aux vins de Bergerac 58
– Gabarres 55
– Kulturzentrum Dordonha 50
– L'Été musical en Bergerac 58
– Maison des Vins de Bergerac 50, 56
– Marché Couvert 55
– Markthalle 55
– Mercredis du Jazz 58
– Musée Costi 50
– Musée du Tabac 50
– Office de Tourisme 55
– Place de la Mirpe 50, 53
– Place Gambetta 51
– Place Pélissière 50, 52
Bergeracois 56
Beynac-et-Cazenac 84
Biron 65
Bocage Limousin 29
Boétie, Étienne de la 72
Bootfahren 82
Borie d'Imbert 106
Born, Bertran de 120
Bourdeille, Pierre de 23
Bourdeilles 23
Brantôme 16
– Abtei St-Pierre 16
– Elektrobootfahrten 19
– Jardin Botanique d'Alaije 16
– Jardin des Moines 16
– Jardins Tranquilles 16
– Joutes Brantomaises 19
– Märkte 19
– Monastère troglodytique 16
– Musée Fernand-Desmoulin 17
– Place de la Liberté 16
– Pont Coudé 16
– Sinfonia en Périgord 19
– Ultraleichtflieger 19
Buddha Camp (St-Léon-sur-Vézère) 94
Buffi, Jean-Pierre 91
Bus 108, 112

C
Cabanes du Breuil 93
Cabécou 10, 106
Cadouin 63
Cahors 65
Camping 112
Canitruf 30
Cap Blanc 91
Causses 4
Cendrieux 63
Chambres d'hôte 112
Champs-Romain 29
Chapelle Notre-Dame (Rocamadour) 107
Charles de Gontaut 66
Château de Beynac 83, 84
Château de Biron 65
Château de Bridoire 58
Château de Castelnaud 83, 85
Château de Chaban 94
Château de Fayrac 86
Château de Fénelon 81
Château de Hautefort 44, 74
Château de Jumilhac 44
Château de la Malartrie 83
Château de Lanquais 62
Château de Losse 102
Château de Monrecour 85
Château de Montfort 81
Château de Puyguilhem 29
Château de Puymartin 93
Château du Rooy 56
Château Les Milandes 88
Château l'Évêque 46
Cingle de Limeuil 60
Cingle de Montfort 60, 81
Cingle de Trémolat 61
Cingles 7, 60

Coencas, Simon 100
Colin, Paul 88
Combarelles 91
Corda, Mauro 53
Corgnac-sur-l'Isle 28
Corot, Camille 20
Couze-et-Saint-Front 59
Cro-Magnon 6, 9, 37, 87, 120
Cyrano 52
Cyrano, Hector Savinien de 53

D
Delmas, Jacques 94
Delpeche, Jean-Luc 120
Depardieu, Gérard 52
Desmoulin, Fernand 17
Dhagpo Kagyü Ling (buddh. Lehrzentrum) 94
Diplomatische Vertretungen 110
Domme 79
– La Barre (Aussichtsterrasse) 80
– Porte des Tours 79
Dordogne 6, 9, 49, 50
Dronne 16, 29
Droste, Thorsten 120
Duc, Hélène 120

E
Écluses des Tuilières 59
Écomusée de la Truffe 30
Einreise 108
Espace Cro-Magnon 102
Essen & Trinken 10
Excideuil 43
Eymet 58

F
Ferienhäuser 112
Festival International du Film 75
Filme 43, 44, 52, 74, 82, 120
Flughäfen 108
Foie gras 10, 26
Font-de-Gaume 91
Forêt des Singes 106

G
Gabarre 82
Gérault, Gilles 56
Gerz, Jochen 67
Gisement de Régourdou 96
Gîtes de France 112
Gouffre de Proumeyssac 93
Goursat, Georges 120
Grotte de Font-de-Gaume 91
Grotte de Rouffignac 95
Grotte de Tourtoirac 44
Grotte de Villars 29
Grotte du Grand Roc 91
Grotte du Sorcier 90
Grottes de Maxange 64
Grottes des Combarelles 91

H
Handicap, Reisen mit 109
Hautefort 43
Haute-Vienne 29
Hébras, Robert 21, 22
Henri de Navarre 66
Höhlenmalerei 29, 90, 91, 98
Hotels 111

I
Infobüros 109
Informationsquellen 108
Internet 109
Isle 33
Issigeac 58

J
Jakobsweg 16, 31, 106
Jardins d'eau 81
Jardins du Manoir d'Eyrignac 103
Jardins suspendus de Marqueyssac 85
Jugendherbergen 112
Jumilhac-le-Grand 42

K
Kanufahren 4, 45, 81, 83, 85, 92, 102, 110
Karma-Kagyü 94
Karmapa, Gyalwa (Lama) 94
Klettern 110
Klima 109
Kutschfahrten 111

L
La Barre (Aussichtsterrasse) 80
Labyrinthe de l'Ermite 81
Labyrinthe Préhistorique 92
La Coquille 29
Lalinde 59
La Madeleine 91
La Roque-Gageac 6, 82
La Roque-St-Christophe 94
Lascaux 6, 9, 71, 98
Lascaux I 98
Lascaux II 98
Lascaux III 98
Lascaux IV 96, 98
Lawrence von Arabien 42
Le Bournat (Freilichtmuseum) 93
Le Bugue 92
Le Buisson 64
Le Buisson-de-Cadouin 63
Leihwagen 112
Le Lander 79
Le Rosette (AOC) 56
Les Eyzies-de-Tayac 87
Les Noyeraies 79
Le Thot/Espace Cro-Magnon 102
Logis de France 112

M
Maison du Foie Gras (Thiviers) 26
Maquis de Durestal 63
Massif des Feuillardiers 29
Messer 24
Mietwagen 113
Milhac-de-Nontron 29
Molières 68
Monbazillac 56, 58
Monpazier 68, 69

Montignac 95
Moulin du Duellas 47
Moulin du Trel 85
Musée de l'Automate 104
Musée national de la Préhistoire 91
Mussidan 46

N
Neandertaler 35
Nontron 24
Notfälle 110
Notruf 110
Nouvel, Jean 120

O
Office de Tourisme 19, 45
Oradour-sur-Glane 20
Orchideen 29

P
Parc Naturel Régional Périgord-Limousin 15, 29
Parken 113
Parker, Robert 56
Pass Découverte 90
Pass Périgord France 16
Pécharmant 56
Périgord Blanc 7, 33
Périgordien 4
Périgord Montgolfière 83
Périgord Noir 6, 65, 71
Périgord Pourpre 7, 49, 65
Périgord Vert 6, 15
Périgueux 7, 33, 34
– Altstadt 34
– Cathédrale St-Front 34
– Château Barrière 38
– Château de Lalande 40
– Festival MNOP 45
– Fête de la Fraise 45
– Hôtel de Ladouze 34
– Hôtel de Lestrade 34
– Hôtel de Saltgourde 34
– Jardin des Arènes 38
– La Truffe d'Argent 45
– Les Jeudis Romains 39
– MAAP 35
– Macadam Jazz 45
– Maison des Consuls 34
– Maison du Pâtissier 34
– Maison Estignard 34
– Maison Lambert 34
– Märkte 41
– Mimos 45
– Musée d'Art et d'Archéologie du Périgord (MAAP) 35
– Musée gallo-romain 39
– Musée Militaire du Périgord 37
– Palais Gilles Lagrange 34
– Porte Normande 38
– Salon du Livre Gourmand 46
– Tour Mataguerre 34
– Tour Vésone 38
– Un vélo pour tous – Le Véloc Café 39
– Vesunna 35
– Voie Verte 45
Picasso, Pablo 98
Piette, Édouard 91
Plateau der Causses 4
Plateaux Jumilhacois 29
Plus beaux villages de France 25, 86, 94
Port de Limeuil 60
Préhisto-Parc 95
Preise 11, 111
Prieuré de Merlande 46

Q
Querry, Sofia 120

R
Radfahren 111
Reisezeit 109
Reiten 111
Restaurants 11
Richard Löwenherz 43, 84
Rocamadour 6, 106
Rocamadour, Chapelle Notre-Dame 107
Rocher des Aigles 107
Römer 38
Rosette (Weingüter) 57
Roullet, Jean 104
Roulottes 111
Route des Cingles 60
Route du Foie Gras 26

S
Salignac de la Motte Fénelon, François de 81
Sarlat-la-Canéda 72, 74
– Altstadt 78
– Brennerei 78
– Cathédrale St-Sacerdos 72
– Château de la Roussie 75
– Couvent Ste-Claire 75
– Festival des Jeux du Théâtre 79
– Festival international du Film 79
– Fest'Oie 79
– Fête de la Truffe 79
– Hôtel de Ville 72
– Hôtel Plamon 72, 74
– Jardin des Enfeus 74
– Lanterne des Morts 72
– Maison de La Boétie 72
– Manoir de Gisson 72
– Märkte 78
– Markthalle 72
– Office de Tourisme 79
– Place du Marché des Oies 72, 75
– Ringueta 79
– Rue de la République 72
– Tribunal d'Instance 75
– Za-Gorodka 72
Saut de la Gratuss 59
Saut du Chalard 29
Schamlose Venus (archäolog. Fundstück) 91
Schwarze Madonna (Roacamdour) 106
Scott, Ridley 75
Sentier des Truffières 31
Shasmoukine, Pierre 72

Sicherheit 110
Signol, Christian 82
Simmat, Benoist 56
Sorges 30
Souillac 104
Sousa, Eduardo 26
Sport 110
St-Amand-de-Coly 103
St-Cyprien 87
Steinpilze 10
Ste-Mondane 81
St-Front-la-Rivière 29
St-Jean-de-Côle 25
St-Léon-sur-Vézère 94
St-Martial-d'Artenset 47
Stopfleber 10, 26
St-Pardoux-la-Rivière 28, 29
St-Saud-Lacoussière 29

T
Tarde, Jean 82
Tate, Sharon 74
Thiviers 26
Toulouse, Raymond de 68
Tourain (Knoblauchsuppe) 10
Tourtoirac 43
Tropfsteinhöhlen 29, 91, 93
Trou de Philippou 29
Trüffel 4, 8, 30
Trüffelhund 30

U
Übernachten 111
Umweltschutz 113

V
Vacherot, Jules 88
Vallées Périgourdines 29
Vegetarische Küche 11
Verkehrsmittel 112
Vesunna 38
Vesunna Petrucoriorum 38
Vézelay 31
Vézère 4
Villaplane, Alexandre 46
Villars 28
Villefranche-du-Périgord 67
Vitrac 81
Voie Verte (bei Thiviers) 28

W
Walker, Martin 5, 46, 92, 120
Wandern 111
Wein 9, 11, 49, 50, 56

Z
Zelten 112
Zoll 108

Abbildungsnachweis

Dumont Bildarchiv, Ostfildern: Umschlagklappe vorn, 4 u. (Frank Heuer)
Huber-Images, Garmisch-Partenkirchen: S. 7 (Luca Da Ros); Umschlagklappe hinten (Tim Mannakee)
iStock.com, Calgary (CA): S. 32/33 (MIMOHE)
laif, Köln: S. 27, 51, 78, 80 (Christian Kerber); 43 (GAMMA RAPHO/JARRY/TRIPELON); 14/15 (GAMMA-RAPHO/TRIPELON); 4 o. (hemis.fr/Arnaud Spani); 73 (hemis.fr/Bertrand Rieger); 46, 109 (hemis.fr/Jean-Daniel Sudres); 62 (HOA-QUI/REPERANT); 120/2 (Isolde Ohlbaum); 93, 103 (Le Figaro Magazine/Martin); 30, 65 (Le Figaro Magazine/Robin); 98 (Mario Fourmy); 97, 100 (Riva Press/Vincent Wartner)
Manfred Görgens, Wuppertal: S. 17, 20, 21, 28/29, 35, 58, 59, 84, 86, 90, 113
MATO, Hamburg: S. 53 (Douglas Pearson); 24 (Onlyfrance/Thebault); 8/9 (Tim Mannakee)
Mauritius Images, Mittenwald: S. 23 (age fotostock/Ian Cook); 75 (age fotostock/Langley); 120/1 (Alamy/ART Collection); 69 (Alamy/David Noton Photography); 11 (Alamy/Dorosz); 48/49 (Alamy/Eye Ubiquitous); 66 (Alamy/Gibbons); 45 (Alamy/Julian Elliott Photography); 120/6 (Alamy/Photo 12); 102 (Alamy/Roberto Soncin Gerometta); 41 (Alamy/V. Dorosz); 42 (epa creative); 56, 70/71 (hemis.fr/Bertrand Rieger); 120/3 (JT Vintage); 89 (Memento); 39 (Photononstop/Nicolas Thibaut); Titelbild, Faltplan (Photononstop/Patrick Somelet)
Thorsten Droste, Wetzlar: S. 120/5
Wikimedia Commons: S. 120/4 (CC BY-SA 2.0/Christopher Ohmeyer); 120/9 (CC BY-SA 3.0/Thomas Ducroquet); 120/7 (CC BY-SA 4.0/explicite art/John B. Root); 120/8 (CC PD)
Zeichnung S. 3: Gerald Konopik, Mammendorf
Zeichnung S. 5: Antonia Selzer, St. Peter

Zitat Umschlagklappe hinten: Henry Miller, Der Koloss von Maroussi. Eine Reise nach Griechenland. Deutsche Übersetzung von Carl Bach und Lola Humm-Sernau, Copyright © 1956 Rowohlt Verlag GmbH, Reinbek bei Hamburg

Kartografie: KOMPASS-Karten GmbH, A-6020 Innsbruck; DuMont Reiseverlag, D-73751 Ostfildern

Umschlagfotos

Titelbild: Höhlenmalereien von Lascaux
Umschlagklappe hinten: Beaulieu-sur-Dordogne mit Kapelle der Büßer am Fluss

Hinweis: Autor und Verlag haben alle Informationen mit größtmöglicher Sorgfalt geprüft. Gleichwohl sind Fehler nicht vollständig auszuschließen. Alle Angaben erfolgen ohne Gewähr. Bitte schreiben Sie uns! Über Ihre Rückmeldung zum Buch und Verbesserungsvorschläge freuen sich Autor und Verlag:
DuMont Reiseverlag, Postfach 3151, 73751 Ostfildern,
info@dumontreise.de, www.dumontreise.de

3., aktualisierte Auflage 2024

Autor: Manfred Görgens
Redaktion/Lektorat: Susanne Völler, Doreen Reeck
Bildredaktion: Lucia Lehmann, Susanne Völler
Grafisches Konzept: Eggers+Diaper, Potsdam
Printed in Poland

Kennen Sie die?

9 von 416 350 Périgourdins

Bertran de Born

Der Ruf »Attacke« rühre ihn mehr als Nahrung und Schlaf, gestand der Ritter und Troubadour in einem Gedicht. Als Herr von Hautefort geriet Bertran in englisch-französischen Zwist – mal für, mal gegen Richard Löwenherz.

Martin Walker

Der gebürtige Schotte schrieb 25 Jahre lang für den Londoner »Guardian«, später für amerikanische Zeitungen. Neben Washington, D. C. ist sein zweiter Wohnsitz Le Bugue, wo seine Krimis um den Polizisten Bruno spielen.

Monsieur Cro-Magnon

Einziges menschliches Wesen in den Malereien von Lascaux ist ein Strichmännchen mit steifem Schniepelchen. Woher die Erregung rührt? Das ist eines der vielen Rätsel um die prähistorische Kunst.

Jean Nouvel

Das richtige Gebäude am richtigen Ort bestimmt die Arbeit des französischen Architekten. In der Dordogne baute Nouvel das Museum in Vesunna und verwandelte Sarlats Kirche Ste-Marie in eine Markthalle.

Thorsten Droste

Der früh verstorbene Kunsthistoriker schrieb etwa ein Dutzend Reiseführer für den DuMont Reiseverlag, darunter auch »Périgord und Atlantikküste«. Er lebte einige Jahre in Sarlat, das ihn 1996 zum Ehrenbürger ernannte.

Hélène Duc

Tragische und komische Rollen gelangen der Schauspielerin aus Bergerac (1917–2014) gleichermaßen. Sie war die Isabelle in Jean Renoirs Film »Das Frühstück im Grünen« und wurde Lehrerin von Juliette Gréco.

Sofia Querry

Sie ist die Frau, vor der Mutti immer gewarnt hat. Unter dem Pseudonym ›Lou Charmelle‹ war die in Périgueux geborene Franko-Tunesierin 2008 bis 2012 gefragter Pornostar.

Georges Goursat

Als Karikaturist der Belle Époque zeichnete er im Jahr 1900 Pariser Prominenz und stieg damit unter dem Namen ›Sem‹ zur Ikone auf. Sein erstes Atelier hatte er in Périgueux.

Jean-Luc Delpeche

Man verbindet ihn mit der Bretagne, aber der Radrennfahrer wurde 1979 in Sarlat geboren. Seine große Zeit hatte er ab 2005, oft mit Siegen in der Dordogne.